销售培训

龙晴/著

让每个销售员都成为销售高手

中国铁道出版社有限公司

CHINA RAILWAY PUBLISHING HOUSE CO., LTD.

图书在版编目（C I P）数据

销售培训：让每个销售员都成为销售高手/龙晴著. —北京：
中国铁道出版社有限公司，2019.8（2019.12 重印）
ISBN 978-7-113-25862-7

Ⅰ.①销… Ⅱ.①龙… Ⅲ.①销售-方法 Ⅳ.①F713.3

中国版本图书馆 CIP 数据核字(2019)第 111345 号

书　　名：销售培训：让每个销售员都成为销售高手

作　　者：龙　晴

责任编辑：吕　芰　　　　　　　读者热线电话：010-51873022

责任印制：赵星辰　　　　　　　封面设计：MXK DESIGN STUDIO

出版发行：中国铁道出版社有限公司（100054，北京市西城区右安门西街 8 号）

印　　刷：北京铭成印刷有限公司

版　　次：2019 年 8 月第 1 版　2019 年 12 月第 2 次印刷

开　　本：700 mm×1 000 mm　1/16　印张：16.5　字数：185 千

书　　号：ISBN 978-7-113-25862-7

定　　价：49.00 元

前　言

　　"一切始于销售。"这是 IBM 创始人托马斯·沃森在总结自己毕生创业经验的名言，这话虽简短浅显，却掷地有声，一语道破天机，它充分说明了销售对于一家企业的意义。我也以这句话作为本书的开头，是的，一切始于销售。销售直接为企业带来效益，带来营收，带来发展，带来一个锦绣未来。

　　如今，市场竞争空前激烈。优胜劣汰适者生存是市场的法则，无论各行各业皆是如此。在这种形势下，销售就是企业在市场竞争中搏杀的武器，是企业"安身立命"的本钱，谁的销售做得更好，谁就能击败对手，在市场中脱颖而出，成为行业的翘楚。

　　那么，企业对销售员的培训就异常重要。因为销售员是企业应对市场竞争的排头兵，是帮助企业在市场丛林中披荆斩棘的尖刀，企业只有把这些尖刀都磨得更为锋利，使自己的每一个销售员都成为销售高手，才能击败对手，取得成功。

　　然而，很多企业其实并不重视销售员的培训工作，或者对销售员的培训做得不够全面系统，只是简单地以业绩论英雄，这样做就导致了一些问题的出现。

　　以服装行业为例。一些服装企业近年来一味追求扩张，虽然取得了一定的发展，可却忽略了品牌战略。它们通常为了追求短期利益，将产品销售工作交给各地区的经销商来做，这些经销商虽然都在当地有较多的资源和销路，能以最快速度为企业开拓市场，可企业的品牌管理和形象打造却成了一个难题。一些经销商为了攫取利润，不择手段，甚至销售山寨货，以次充好，极大地损害了企业的品牌价值。这些服装企业虽然靠着外部资源收获了一些利益，但是品牌形象的垮塌对企业的危害却是长久而深远的，是难以弥补的。

因此，企业必须加强对销售员的培训，要打造一个属于自己的、优秀的销售团队。那么，企业该如何对销售员进行培训呢？

要做好销售培训，企业就必须要建立一套完善的培训体系，首先，企业一定要有一位销售经验丰富、有一定培训技巧和辅导技巧的培训师。培训师不仅要教授销售人员销售技能，还要善于与销售人员沟通交流，通过日常的点滴积累和指导，将销售技能逐步内化为销售人员的销售习惯。

具体来讲，培训师要按照"PCDCA"的流程来进行培训，"P"就是 PLAN（计划），培训师在开始培训前要做周密的计划，要做好前期的调研和访谈，详细了解销售员经常遇到的各类问题，使培训计划更有侧重点和针对性。"C"就是 COMMUNICATION（沟通），培训师在制定好培训计划后，要与参加培训的销售员们进行沟通，了解他们的意见，以便对计划进行改动调整，与他们达成共识，取得他们对培训工作的支持。"D"就是 DO（执行），培训师对销售员开展培训工作。"C"就是 CHECK（检查），培训师在培训结束后，要对培训效果进行检查，积极了解销售人员的反馈意见，解答他们提出的疑问，并对业务能力有较大提升的销售员予以鼓励和表扬。"A"就是 ACTION（行动），培训师要在培训后，对销售员在实际工作中遇到的问题进行跟进，并给予适当的帮助。

销售培训师利用这一流程不断强化销售人员的工作能力，可以使他们都成为销售高手，为企业的发展贡献力量。

本书涵盖了企业销售培训的方方面面，希望能使各位读者朋友有所收获。

龙晴

目 录
CONTENTS

第 8 章　销售结果是计划出来的

第 9 章　实地带教流程

扫码附赠实用表单文件

http://upload.m.crphdm.com/2019/1108/1573173934325.doc

或：

https://pan.baidu.com/s/1sbPujE2cxrsl4xFT63t8eA

第1章　销售培训为什么必不可少

销售培训为什么必不可少？我从三个角度来阐述这个问题。

从企业的角度来说，市场在快速发展中，从计划经济到市场经济，再到如今的新零售，市场上的产品越来越丰富，产品同质化问题也越来越严重，市场竞争日益白热化，把产品卖出去是大多数企业都要面对的最棘手的问题，因此，销售工作在企业中的地位变得极为重要。企业要发展，就要培养优秀的销售员来做"开路先锋"，所以企业需要销售培训。

从销售员的角度来说，与生产、研发等工作相比，销售虽然不需要从业者有很高的学历背景，但同样也是一门技术含量极高的工作，因为向他人推销产品往往是最难的，它需要销售员有丰富的人际交往技巧和心理学知识，以及敏锐的洞察力。没有人天生就是一名优秀的销售员，所有销售高手都是在不断学习、不断磨练中逐渐成长起来的。所以销售员为了提升自己的业绩，同样需要参加销售培训。

从时代的角度来说，在当今时代，科技发展日新月异，物联网、人工智能、大数据技术相继涌现，相应的销售手段和销售理念也在此基础上花样翻新，层出不穷，诸如社群营销、大数据营销等。企业和销售人员都需要不断学习新知识、新方法，才能跟得上时代的步伐，取得事业上的成功。所以，在这样一个时代背景下，销售培训是企业和销售员们都迫切需要的。

综上所述，销售培训无论对企业还是对销售人员都至关重要，是企业提升销售团队能力不可或缺的重要手段。

1.1 销售员出力不出单，皆因没有培训系统

我曾为几家企业做咨询。在对这几家企业的调研过程中，我发现这几家企业的销售人员普遍存在一个问题，就是这些销售员每天都忙忙碌碌的，看样子非常努力，可销售业绩却始终没有提升。而这几家企业的负责人也非常困惑，向我提过这个问题。

我经过分析，找到了问题的根源：这几家企业都没有完善的销售培训系统，大多都是在销售员入职前，为他们做一个简单的培训了事，并没有对他们后面的工作进行相关的跟进和指导，这样一来，他们在工作中就失去了方向，没有了标杆，遇到问题时只能自己摸索，也不知该如何快速地解决，走了很多弯路，花了很多无用功，最终导致工作很吃力，迟迟无法提升业绩。

而培训系统的作用恰恰就是为销售人员树立一个标杆，制订一个统一的标准，对他们的日常工作给予指导，使他们都能灵活掌握销售技巧，能在工作时更加得心应手，进而取得业绩上的突破。

这几家企业的负责人听了我的建议后，纷纷聘请专业销售培训师对销售人员进行深入的指导，为他们建立完善的培训系统，果然取得不错的效果，这几家企业销售员的业绩都得到了不同程度的提升。

我讲述这个案例的目的就是为了告诉大家：销售人员出力不出单的问题根源并不在销售员的个人能力上，而在于企业没有一个完善的培训系统。一个好的培训系统对提升销售员的业务技能和销售业绩的作用是显著的，不容忽视。下面，我以法路易娜为例进行说明。

法路易娜是深圳市泽源厚业时装有限公司旗下的品牌。经过 8 年的发展，该品牌已经成为深圳顾客最喜爱的女装品牌之一。

不过，法路易娜在成立初期也遭遇到了销售的瓶颈，由于销售人员出力不出单，长期无法提升业绩，致使整个企业销售团队的业绩都无法提升，企业发展一度陷入了停滞。企业负责人想尽办法来提升业绩，例如采用末位淘汰制，给予业绩突出者高薪等，但结果还是不如人意。

后来，该企业负责人聘请顾问，对企业销售团队的情况进行了深入的分析研究，得出了这样的结论：企业销售人员的数量虽多，但是绝大多数都是新手，他们虽然都有积极开拓市场、提升业绩的热情和干劲，但在销售经验和技巧方面比较欠缺，工作起来往往找不到门路，以致事倍功半。

针对这样的问题，该企业果断引入了销售培训系统，企业领导对销售人员进行层层筛选，选出一些优秀的销售员工，作为企业的培训师，让他们专门为销售员制订统一的工作标准，向他们灌输企业营销理念，传授销售技巧，并亲自示范、监督销售员的工作，帮助销售员解决他们遇到的疑难问题，发挥传帮带的作用。而且这样的培训系统并不是一时的，而是长期的、持续的。

经过这种不间断的培训，企业销售员的能力都很快提升起来，他们的业绩也都有了迅猛的增长，法路易娜也因此实现了快速发展，用短短几年的时间就跻身最畅销高档服装品牌行列。

完善的培训系统为法路易娜打造了一批能力强、素质高的销售人才，帮助法路易娜迅速摆脱困境，实现了腾飞。

从这个案例中，我们可以看出，一个完善的销售培训系统对提升企业销售人员的工作效率和销售业绩，进而促进企业的发展具有不可替代的作用，尤其在解决销售人员出力不出单的问题上，效果更为显著。要知道，鞭策和鼓励远没有从根本上提升销售员的能力作用明显，所以企业绝不可轻视它。

1.2 找到提升销售员能力的有效办法

提升销售员能力是销售培训师最主要的任务，那么，培训师该如何提升销售员的能力呢？他必须掌握一定的培训方法和技巧，这是进行成功培训的必要条件。

我在做咨询工作时，经常听到一些企业负责人的抱怨，他们说自己公司的培训师明明已为销售员们设立了工作标准，对他们进行了较为深入的带教和督导，可为什么依然没有明显提升销售员的业绩？

那么很明显，这些企业的培训师一定在培训方法的使用上出了问题。培训工作是系统而复杂的，它涉及很多方面，培训工作任何一个方面有瑕疵，都会影响到最终的培训效果。

在这里，我就给大家具体讲解一下销售培训师提升销售员能力的有效方法，如图 1-1 所示。

保持点评销售员 工作表现的习惯	注重对成功和 失败案例的分享
一对一帮带	平时组织场景 模拟演练

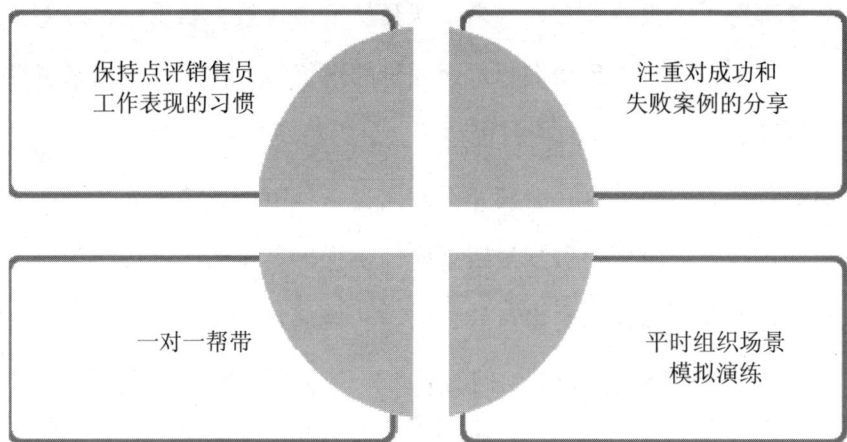

图 1-1　培训师提升销售员能力的有效方法

1. 保持点评销售员工作表现的习惯

培训师要保持点评销售员工作表现的习惯。当然，这个点评不能是主观随意的，是要有根据的，它根据的就是培训师在培训过程中为销售员们制订的统一标准，这个标准也就是销售员们的学习标杆，是销售员们努力工作的方向，是培训师在培训过程中要事先灌输给销售员的。

培训师要按照这个标准对销售员每一个阶段的工作进行评估，发现他们的缺点并给予指导，及时纠正他们工作上的偏差，改进他们的工作方法，向他们传授一些实用的销售策略和小技巧。培训师要把这种评估当成习惯，当成工作的一个重要方面，持之以恒地坚持下去。

需要注意的是，为了使点评工作更加全面具体有针对性，能切实解决销售员的实际问题，培训师在点评销售员的工作表现时，不能只看销售员的业绩，更要从多方面去考察他们的工作情况。

举个例子，我曾为上海的一家公司做咨询，我发现该公司的培训师就存在这样的问题，他们在对销售员做工作评估时就非常草率，自诩经验丰富，只草草看了一眼业绩考核结果，就轻易给销售员盖棺论定，打上了标签。这样一来，一些得到培训师负面评价的销售员，在工作中越来越没信心，不但没提升能力，反而变得更差了，最终纷纷离职。

销售业绩固然很重要，但其并不能代表一个销售员的全部。培训师在对销售员进行点评时，要做到细致全面，要指出具体的改进方法和措施，不能盲目地贴标签而挫伤销售员的自信心。培训师实际上就是销售员的老师，如果一个老师不负责，学生们的成绩肯定也不会有所提升。

2. 注重对成功和失败案例的分享

与枯燥乏味的纯理论性文字相比，一则故事显然更生动、更形象，更有趣味性和吸引力，更能给人带来启迪，发人深思。我们小时候都读过伊索寓言，那些寓言通过一则则生动有趣的小故事，教会了孩子们很多为人处世的道理，给人留下了深刻的印象。同样的道理，相关案例给销售员带来的启迪显然要比那些理论知识更容易让人理解和接受。因此，培训师在培训过程中要注意多讲案例，通过对案例的分析来启发销售员，提升培训的效果。

在对案例的选择上，培训师也要注意两点：一是要选择典型的、有代表性的案例；二是要选择真实发生过的案例，切忌胡编乱造。做到这两点，所选择的案例才更能反映问题，更有说服力。为此，培训师在日常工作中要多观察、多留意销售员的工作，用心搜集相关素材。

我曾经旁听过一位企业销售培训师的讲座，这位培训师在讲课时，自始至终讲述了大量的案例。几乎每讲一个理论，他都要用相关的正例和反例来进行论证，他用正例来说明正确的销售方法所带来的好处，用反例说明错误的方法所造成的后果，让销售员们吸取经验教训，引以为鉴。而且，这些案例全部都是曾在这个企业中的销售员身上发生过的，真实可信，有案可查，非常具有说服力。

我在旁听中发现，在座销售员的听课状态极好，所有人的注意力都高度集中。我们可以预见，这样的培训注定是成功的，必定会给销售员带去一些启示，使他们有所领悟和提高。

因此，培训师在对销售员进行培训的过程中，要多注重对案例的运用，用分享案例的方法来引导和启发销售员，加深他们对销售知识的理解和把握，使他们避免重走前人的弯路，进而提升销售技能，获得业绩的提升。

3. 一对一帮带

简单地说，"一对一帮带"就是企业的培训师以一对一的方式对销售员进行培训。

如果说集体培训是"大锅饭"，那么，"一对一帮带"就是"小灶"。"大锅饭"是每个人都吃，但却并非符合每个人口味；"小灶"却可以根据销售员的独特口味，专门为他们做出他们喜欢的菜肴。

集体培训和"一对一帮带"的区别也是如此，由于销售员的能力水平、工作方式方法等都是存在差异的，集体培训给每个人带来提升效果也会千差万别，而采用"一对一帮带"的培训方式，培训师能根据销售员的特点，采取最有针对性的培训方法，促使他的能力在短时间内得到快速提升。

但是，这种培训方式对企业的规模和实力有一定的要求，并非适合所有企业。

4. 平时组织场景模拟演练

模拟演练会提升销售员的临场应变能力，增加操作熟练度，有利于促进销售员对所学知识的消化吸收。比如针对小学生的消防演练。在演练中，消防队员会向小学生们讲授相关的消防知识，让他们现场模拟火灾发生时应采用的各种逃生手段，以提高他们的避险能力。同样，培训师也要组织模拟演练来提升销售员的销售能力。培训师可以扮成顾客，并设定不同的销售场景，让销售员根据不同的场景，用不同的方式来向自己推销产品，针对他们的表现做出点评。

在设定模拟场景时，培训师要注意设定那些销售员在实际工作中会经常遇到的场景，使销售员们能提前适应，将在演练中学到的技巧应用到实际工作中去，使演练更为实用。

1.3　打造培训系统，全面落实三因子

完善成熟的培训系统需要同时具备三种因子：标准因子、带教因子、督导因子，三者缺一不可。如果说企业的培训系统是一口大鼎，那么，这三种因子就是这口鼎的三只脚，有这三足，鼎才能立得安稳，若有所偏废，鼎就会倒塌，培训系统的作用也会大打折扣。在本节和接下来的三节中，我会为大家系统介绍培训系统的三种因子。

1. 标准因子

"标准"就是销售员们要在工作中应遵循的原则和准绳，由培训师制订。它的重要意义不言而喻，它直接规范和指导销售员的行为，为销售员的工作指引方向，决定着销售工作的成败，进而影响着整个企业的发展。

在制订标准时，培训师要考虑各个方面的因素，要依据企业的实际情况，综合分析，使每条标准都能体现企业的销售策略和发展目标。具体来说，培训师要注意两点。

第一，培训师要依据企业的实际情况来制订标准，这一点尤为关键。

不同的企业，销售情况不同，发展阶段和销售策略不同，标准自然也应该不同。有的培训师在设计标准时，盲目照搬一些优秀企业的标准，以为优秀企业的一切都是好的，忽视了企业自身的实际情况。用这样的标准来约束销售员就是在削足适履，其结果注定不会好，也不利于企业的长远发展。

第二，培训师要理清思路，要将标准设定的有针对性、有目的性。如果标准毫无章法，混乱不堪，必然导致销售员茫然无措，销售工作陷入混乱。我在一家企业做咨询工作时就曾遇到过这样的情况，该企业培训师所设计的标准没有条理性和逻辑性，相互间也没有关联性，目标模糊不清，使销售员在工作中陷入窘境，不知该从何处着手，该往哪个方向努力，最终该企业的销售工作也变得一塌糊涂。

"标准"是销售工作的基础，是销售员工作的指导性文件，具有十分重要的意义。因此培训师在制订标准时，必须要秉持着高度负责的态度，反复权衡各方面的因素，为企业的销售员制订出一个贴合企业情况、切实可行的指导性文件。

2. 带教因子

"带教"是指培训师对销售员进行工作指导。它是培训的具体实施过程，是培训工作的主要环节。带教的成功与否关系着培训效果的好坏，能体现出培训师水平的高低。

"带教"是培训师的首要工作，也是企业领导对培训师进行考核的重点。所以，培训师要对其有足够的重视。培训师在做"带教"时，一是要循循善诱，运用各种培训技巧，将销售理念、知识、技能传授给销售员；二是要以身作则，端正自身的言行举止，为销售员树立一个好榜样，用自身感召力影响感染销售员，使他们自发向培训师学习。

这就要求培训师要具备丰富的销售经验、优秀的培训能力、良好的个人魅力、高度的责任感，能以认真负责的工作态度为企业培养出优秀的销售人才。

当然，企业也要对培训师的行为进行规范，从各个层面对培训师的带教工作予以支持和帮助。

3. 督导因子

"督导"是指培训师在培训结束后，对销售员的工作所进行的监督和引导，它也是培训师对企业销售工作的管理和跟进过程。督导工作也是培训师的主要工作任务之一。

在督导过程中，培训师在对销售员、企业、顾客三方面，分别担负着不同的角色。对于销售员而言，培训师代表管理方，要指导他们的工作，为他们下达各种指令，提高他们的工作业绩；对于企业而言，培训师是企业与销售员之间的桥梁，培训师要和销售员共同努力，提高销售技巧，树立企业形象，高质量地完成销售任务；对于顾客而言，培训师代表企业的形象，作为企业销售人员的优秀代表，要能正确处理各种销售状况，为顾客提供更好的服务。

那么，培训师要如何做好督导工作？关键就是要做到审查工作时细心，指导工作时耐心，纠正工作时贴心。

举个例子，一家服装企业的培训师在对销售员做督导工作时，提倡保姆式培训，他们秉承高度责任感，以销售员的成功作为自己的成功，总是能及时发现他们的问题、热心为他们解答难题，传授技巧；培训师还会以实物形式递交督导报告，并在报告中详细写明销售员工作中的问题、问题产生的原因及解决方案；此外，该企业还会时常对各销售小组的培训师进行调换，用不同的培训师对销售员做督导，以此来提升督导水平，弥补培训师在督导中的疏忽之处。

该企业培训师团队出色的督导工作迅速提升了销售员的工作能力，使他们的销售业绩和待遇都得到了大幅提升，受到了销售员广泛的好评，同时，该企业得到了飞速发展，目前已在全国各地开设了 300 多家店铺。

总而言之，企业要打造完备的培训系统，就要全面落实标准因子、带教因子和督导因子，要把这三个方面都做到最好，不能有所偏废，这样培训系统才能切实发挥它的作用。

1.4 标准因子：这个结果就是优秀

在上一小节中，我已对标准因子做了介绍。在本节，我将结合案例进一步对标准因子做详细的阐述，以使大家对其有一个更加明确的认识。

标准因子实际上就是一个标杆，它是企业发展战略的细化和落地。只要销售员达到了标准的要求，就必定会完成出色的业绩，达成一个很优秀的结果，这是必然的，也是必需的。如果销售员达到了标准因子的要求，却没有获得优秀的结果，那就说明培训师在设定标准时出现了失误。下面我以特步为例来进行说明。

我曾为特步做过几年员工培训工作，亲眼见证了它在这几年里的巨大蜕变。在这短短几年间，它的营销收入从 10 亿元跃升至 55 亿元，由一个不起眼的小品牌华丽转身，成功跻身国内知名的时尚运动品牌行列，由过去的野蛮无序发展走上了可持续的稳健发展之路。

当时，在它所处的体育用品市场中，有 Nike、Adidas、Kappa 等全球体育用品巨头，也有已经发展壮大的李宁、安踏等国内著名品牌，即便是在特步所在的福建泉州，也有诸如匹克、乔丹（中国）、361° 等众多知名企业。

在如此激烈的市场竞争环境中，特步能取得如此快速的发展实为不易。那么，特步是如何做到的呢？一个成熟稳健的业绩表现必然源于其成熟稳健的内部机制，特步就是做到了从家庭作坊式的粗放管理到全价值链管理的升级，具体来说，就是它为自己的销售员设定了正确的销售标准，以及与之相匹配的销售业绩考核措施。

以往，特步的销售工作相对混乱，各家店铺"各自为政"，销售员各自的销售能力和水平参差不齐，在企业仅有业绩要求的前提下，在销售时八仙过海各显其能，毫无章法。这样一来，给企业品牌形象的维护、销售目标的制订都带来极大的难度，企业的效益也很不稳定。

我在给特步的各家店铺进行巡回培训的过程中发现了这一问题，便向企业高层提出了我的建议：必须建立一个行之有效的销售培训系统，为销售员设立统一的标准，在标准细则中明确企业的销售理念，并根据企业的实际情况，对销售员的销售行为作出具体详尽的指导和规范。

企业领导们也认识到销售环节中的问题，果断采纳了我的建议。

特步的培训师们为特步的每个销售区域都明确了发展规划，完善了店铺运营体系，制订了切实可行的销售标准。

在设定了标准之后，特步的销售员都有了或多或少的变化：业绩较多的销售员开始自觉规范销售行为，改善销售方法，注重品牌形象的维护；业绩较少的销售员有了标准的参照，明确了工作的方法和努力的方向，其业绩也得到了稳步的提升。而每一个销售员业绩的提升也最终带动了企业效益的整体提升，而且这样的提升是稳定的、持续的，有标准可依的。

有了明确的标准，销售员都有了明确的奋斗目标和干劲。如今，越来越多的销售员达到了标准，成了销售高手。而在众多销售高手的共同推动下，特步也实现了飞跃。他们用高度统一的实际行动诠释了优秀的含义。

在体育用品行业的寒冬来临，同行们的业绩纷纷下滑之时，特步却以55.5 亿元的业绩收入成为国内体育用品上市企业中唯一一家业绩保持增长的企业。

由特步的案例我们能看出，企业要实现稳步发展，势必要提升销售员的业绩水平，而为销售员的销售行为制订统一的标准，便是企业提升业绩水平最重要的手段。标准能规范销售员的销售行为，并为他们的销售工作指明方向，使企业的战略目标落地，是每个企业都应重视的重要环节。

1.5　带教因子：这样学，就能达到结果

一个销售员要想取得工作上的成功，光有目标和行为规范还是不够的，他还要懂得如何灵活运用各种手段来完成这个目标，如何完美解决他们在实际工作中遇到的各种问题，而带教因子的意义就在这里。它是培训师进行培训的过程，是其提升销售员销售技能的具体途径。

带教是一件相对烦琐的工作，体现着企业对培训工作的重视程度，考验着培训师的培训能力和水平。关于带教，一些企业和培训师都存在着误区。

企业的误区是，很多企业都片面地以为，带教就是让一些业绩好的老员工去教新员工如何销售，只要新员工熟悉了销售流程即可。

其实这样做是有疏漏的，因为销售员除了要掌握销售技巧，还要对企业文化和销售理念有深刻的理解，否则销售员们的业绩即使得到了提升，他们却可能因无法认同企业文化而轻易选择离职。所以企业还要通过带教工作，来提升销售员对企业的忠诚度和认同感。

培训师的常见误区是，一些培训师在带教时只重视理论的灌输，而忽视了实践指导的作用和价值。

带教就是言传身教。光有言传是不行的，培训师还要身教。因此，培训师在带教时，不能把它仅限于一次培训课程，还要把它落实到实际工作中去，通过亲自带销售员接洽顾客等途径，在潜移默化中对销售员进行引导，不仅要推动岗位知识、技能和经验的归纳和提炼，更要实现销售技巧的有效分享和传播，加快销售员的成长速度。

所以说，打造一个优秀的销售员并不是一件容易的事情，培训师在带教中要做的工作有很多。下面我以利郎集团为例做说明。

利郎是一家集设计、开发、生产、营销于一体的中国商务男装领军品牌。在该品牌创立初期，行业内的竞争可谓激烈。在与同行业中的巨头七匹狼、劲霸等角逐的过程中，利郎处于全方位的劣势，然而，它是如何实现逆袭，异军突起、杀出重围的呢？它采取的就是精细化的运作战略，注重对细节的把握，尤其是在对销售员的带教工作上。

我在利郎集团做管理顾问时就深有体会。利郎的高层深知销售员是企业的门面，他们的一举一动都体现着企业的形象，影响着品牌的口碑，所以利郎极为重视销售员的带教工作。在具体措施上，利郎推出了培训师带教计划，聘请专业的培训师团队对销售员进行系统培训。在培训中，培训师主要从销售员的穿着打扮、言谈举止、处事原则、工作原则、行为规范、工作技巧等方面入手，逐步分析他们在销售过程中可能遇到的每一个问题，并对处理问题的手段和方法做出指导。更重要的是，这种带教的方式不只体现在培训课程上，还体现在销售员的日常工作中。

久而久之，在培训师们的努力下，利郎的销售员都将企业的服务理念和销售策略落实在自己的销售行为上，并形成了习惯，他们的销售能力和服务水平都得到了提升，最终使得利郎的整体服务质量大幅提升，收获了消费者的好评。利郎也因此树立了一个良好的品牌口碑，实现了深度挖掘市场的目标，为后期扩大市场奠定了坚实的基础。

从利郎的成功案例中，我们可以看出，带教工作对打造优秀的销售团队，提升企业的效益和品牌口碑都有着重要作用。带教工作是一个精细活儿，简单盲目的做法注定无法起到很好的效果，因此，培训师要有足够的耐心，要根据企业当前的销售情况，深入分析销售员在工作中的问题，找出原因，对症下药，切实解决他们的问题，使他们能有所提升，进而取得一个优秀的销售业绩。

1.6　督导因子：跟进工作进度和结果

我在前文中已经提到，督导工作是培训师在对销售员进行培训后，对他们的工作进度和结果所进行的考核和跟进，是带教的延伸，也是培训工作的重要组成部分。在督导过程中，培训师要做到以下 10 点。

（1）监督销售员的日常销售工作，其中包括销售员的工作态度、销售手段、销售目标达成情况。此外，还要对他们进行业绩考核、薪资考核等。

（2）鼓舞销售员的工作热情，解决他们在工作中遇到的各种问题，对他们的不满情绪进行心理疏导，尽量减少人员流失。

（3）监督销售员对新产品的推销情况。

（4）负责销售员福利和薪资的审核发放等工作，并将销售员的各种薪酬变动情况及时向企业领导汇报。

（5）组织各种销售会议、顾客意见调查和座谈会。

（6）监督企业组织的各种促销活动。

（7）确保各项销售数据报表的准确性。

（8）监督各销售网点的销售情况。

（9）监督企业各项政策在各销售网点和销售员中的执行情况。

（10）协助行管科做好销售部门固定设施配备工作。

做好销售员督导工作，对企业意义重大，它实际上就是通过对销售员销售工作的方方面面的监管，夯实培训的基础，使企业的战略决策彻底转化为销售员的具体工作行为，是保障销售工作规范有序进行的利器。下面，我以七匹狼为例进行说明。

我曾在七匹狼担任过营运系统升级咨询主顾问，参与了七匹狼对企业内部营运系统的改革，这场改革的关键之处就在于七匹狼强化了对销售员的督导工作。

为了能把督导工作做得足够细致扎实，七匹狼培养了一批优秀的、有丰富经验的督导培训师，这些培训师不仅可以帮助销售员解决各种工作上的问题，为他们提供各种指导，推进销售目标和工作计划的落实，还会对销售员进行一些心理按摩，深入了解他们对企业的意见和看法，安抚他们的不满情绪，真正做到了无微不至。

有了如此体贴和人性化的督导工作，七匹狼销售员的工作状态更加饱满，目标也更明确，销售业绩自然也水涨船高，进而保证了企业效益的稳步提升。

在七匹狼的案例中，我们可以看出，做好督导工作是企业销售工作成功的基础和保障。每一家企业虽然都有自己的督导措施，效果却天差地别，这其中的关键是企业的培训师能否把工作做细做透，尤其对那些看似不重要的"旁枝末节"，也要予以足够的重视，并尽力解决，这样才能使销售员没有后顾之忧，能心无旁骛地投身到自己的销售工作中去。

1.7　销售培训师让企业年入 40 亿元

作为一个服装企业管理顾问，我在服装行业已经摸爬滚打了 20 年，亲眼见证了许多服装企业的成长。一些企业由一个名不见经传的小品牌逐步发展成为国内知名品牌，也有些企业在负债累累、濒临倒闭的状况下逆势崛起，快速成长为年入 20 亿元的知名企业。这些成功的背后，既有企业家冷静的头脑、敏锐的眼光，也有着辛勤付出的汗水。而有一家全国闻名的大企业却靠着优秀的销售培训师获得了发展，可以说，正是这些培训师让企业年入 40 亿元，这家企业的名字叫 361°。

众所周知，361° 是国内赫赫有名的体育用品一线品牌，其年营业额已经突破了 40 亿元。而在它上市的七年前，它只不过是一家作坊式的家族企业，短短七年，它之所以能够实现跨越式的发展，达到质的飞跃，销售培训师功不可没。

361° 起初规模较小，只是单纯地做一些服装加工业务，谈不上品牌建设，然而随着企业的不断发展、规模的逐步扩大、运营的日渐规范，打造品牌便被提上了日程。这就好比种树，小树在刚被种下时，要保证生存，要尽力吸收养分，来保障自己长出更多的枝叶，而当树长大以后，必然就会出现一些坏枝、长歪的枝杈，这时我们就要对它进行修剪，来防止它长歪长残。而企业也正是如此，当企业壮大，人员增多、影响力增大，领导就势必要对企业进行规范化管理，对内强化管理，对外打造品牌，这正是企业发展的题中之义。

361° 的领导正是基于这一点，为改善企业的核心——销售工作，引入了销售培训师。

销售培训：让每个销售员都成为销售高手

我曾担任 361° 总部及多省超级总代理培训讲师，专门负责 361° 销售培训师的培训工作，因此对销售培训师对 361° 发展的影响有着切身的体会。

起初，361° 的销售工作就是以业绩为王，销售员只要能卖衣服就好，无论用什么样的方法、通过什么样的渠道都行。这样的做法有四个重大弊端：第一，销售员的销售业绩不稳定，时好时坏；第二，企业的销售工作容易陷入混乱；第三，由于一些销售员在销售时可能"不择手段"，会使企业的形象和口碑受到影响；第四，一些业绩较差的销售员会因为问题长期无法解决而选择离职，人员流失较严重。

然而，在引入了销售培训师后，361° 的销售工作焕然一新，培训师为销售员明确了销售目标，规范了销售行为，传授各种销售技巧，对他们的销售工作进行了较为有效的管理和监督。经过培训师们细致用心的培训，361° 的销售员由原来的散兵游勇，一跃成为纪律严明、装备精良的正规军，战斗力得到了显著提升。

销售管理的规范化、销售理念的统一和销售技能的提升，彻底改变了 361° 销售员的精神面貌，促进了他们业绩的快速提升，也使企业步入正轨，驶入了高速发展的快车道。

通过以上论述，我相信大家都已经对销售培训系统对企业发展的重要意义有所了解了，企业要发展，就一定要将销售培训工作做好，要将标准因子、带教因子和督导因子这三要素的相关工作落到实处，不忽略任何一个细节，使培训系统的作用能得到最大限度的发挥。

第2章 销售培训师主要工作内容

在上一章中，我主要阐述了销售培训师对企业经营发展的重要性。在本章，我将为大家具体介绍销售培训师的主要工作内容，让大家对销售培训师的工作方法和工作流程有一个更清晰的认识。

总的来说，销售培训师的主要工作可以概括为三个方面：标准、带教、督导。这三个方面我在上一章中已经提及，其中，"标准"是指销售培训师要为销售员制订统一的工作标准；"带教"是指销售培训师要以带领实践的方式向销售员传授销售技巧；"督导"则是指销售培训师还要对销售员的实际销售工作进行督促和引导。

一个优秀的销售培训师在企业中定位应该是，向销售员传播企业文化和理念的大使、为顾客提供最专业服务的产品专家、为销售员解答销售难题的良师益友、保证企业销售工作稳步推进的引擎、保持企业朝正确方向航行的指南针。

2.1 什么样的培训师才是好培训师

究竟什么样的培训师才是好的培训师？这是我在做咨询时，很多企业的领导向我提出过的问题。在解答这个问题前，我先引用两句名言。

第一句是："不想当将军的士兵不是好士兵，当不好士兵的将军一定不是好将军。"这句话的含义是，要想做好将军，首先要能做好一个士兵。显然，如果一个培训师本身无法做好销售员的工作，那么，他又怎么可能指导他人做好销售工作呢？

第二句是："师者，传道授业解惑也。"这句话的含义是，为学生传授技能，解答疑难问题，是老师的基本责任。如果一个培训师没有身为师者的责任心，没有教授学生的热情，那么他也绝对不是一个称职的培训师。

由此，关于这个问题的答案就已经呼之欲出了，一个好的培训师必须要具备以下两个特点。

1. 具备丰富的专业技能和销售经验

首先，对于企业来说，销售培训师既要从战略层面为企业的销售工作描绘宏伟蓝图，指引发展的方向，又要从战术层面为企业的销售工作制订切实可行的销售目标和推进的步骤，为销售人员制订合理的标准，规范他们的销售行为。这些都需要销售培训师具备丰富的销售工作经验。因为只有拥有丰富的经验，培训师才能具有敏锐的眼光，对销售工作中的各种问题有自己的真知灼见，进而能拨开问题的迷雾，看清实质，找到解决问题的有效途径，为销售工作的稳步推进搭桥铺路。

其次，对于销售员来说，销售培训师肩负着提升销售员销售水平的责任，所以，他必须掌握多种多样的销售技巧，能从容应对各种销售场景。这样，他才能在培训时做到游刃有余，使销售员的能力得到大幅度的提升，赢得销售员的好评和拥护。

反之，如果销售培训师的能力不够强，专业技能和工作经验都很欠缺，那么，企业的销售工作必然也无法做好。

有一次，我在为浙江的一家企业做管理顾问时，就曾遇到过这种情况。该企业的负责人选出了一批业绩较好，在企业工作时间较长的资深销售员，组成了培训师团队，让他们专门负责销售员的培训工作。但在培训了一段时间后，企业负责人发现销售员的业绩非但没有明显提升，销售成本反而增加了不少，而且还出现了销售员大批离职的现象。

该企业的负责人就此问题向我求助。我便调阅了企业销售培训师团队的材料，对培训工作的每一个环节都进行了排查，最终我得出了这样的结论：该企业的销售培训师不够专业。这些培训师虽然确实都是资深的老销售员，有一定的工作经验和销售技能，但能力并不全面，所教授的技巧无法解决销售员在实际工作中遇到的问题，使销售员无所适从，甚至陷入困境。所以，针对这个问题，我向该企业的负责人提出了自己的建议：为这些培训师组织一次专业的培训。

企业负责人采纳了我的建议，我便为这些培训师组织了一次培训。在培训中，我将有关销售培训的各个环节都做了较为系统全面的讲解；在培训后，我又对每一个培训师都做了严格的考核，培训师只有通过考核，才能上岗工作。

这次培训的效果很显著，这些培训师经过培训，很快便胜任了自己的工作，切实提升了销售员的销售技能，使该企业的销售工作获得了长足的发展。

这个案例告诉我们，"术业有专攻"。一个好的销售培训师必须是能将销售工作的方方面面都做好的人，必须有丰富的销售经验和专业技能，对销售知识有系统而全面的掌握，是销售领域的专家，只有如此，他才能将培训工作做好，进而促进销售业绩的提升。

2. 具有"传道授业解惑"的师者精神

"传道授业解惑"的师者精神，是一个老师应该具备的基本素质，同样也是一个好的培训师应具备的素质。称职的培训师在培训时，都会将自己代入老师的角色中，以提升销售员的能力为己任，以极高的责任心和充沛的热情，投身到培训工作中去，耐心为销售员排忧解难，把自己所掌握的技能倾囊相授。相反，如果培训师不具备这种师者精神，心胸狭隘，生怕"教会了徒弟，饿死师父"，在培训中对重要的销售技能遮遮掩掩，总想留一手，那么，他的培训工作必然无法做好。

我曾碰到这样一位销售培训师，他的敬业精神令人感佩。他为了做好培训，将自己多年来所积累的销售知识和技巧精心编写成了一份长达数十页、总计一万余字的教材，在课前发给了每一个销售员，在课堂上，他又向销售员播放自己录制的销售场景模拟视频，列举了大量既有趣味性、又有指导意义的案例，讲述自己在销售中所遇到的各种问题和心路历程，耐心地解答学员的问题，毫无保留，真正做到了知不无言，言无不尽，将"传道授业解惑"的师者精神体现得淋漓尽致。

他用自己的实际行动诠释了一个优秀培训师该有的样子，他以豁达的胸襟、高尚的师者风范收获了销售员的爱戴和企业领导的嘉奖。而他所培训的销售员也都获得了大幅提高，绝大多数都成了企业的销售骨干。

因此，企业领导想要鉴别并任用一名优秀的培训师，就要从这两点入手来进行考察，关键看培训师自身的工作态度以及他愿意为工作所付出的努力程度。我们再来看看耐克公司对销售培训师的具体要求。

（1）参加所有 NIKE 组织的销售培训，并将所获取的知识信息及时分享给销售团队中的每一个销售员。

（2）通过有效途径对所负责的销售团队成员进行 NIKE 历史文化、产品知识等内容的培训，在团队内建立良好的学习氛围，有效提高实际销售额。

（3）收集销售团队成员对于销售工作的意见、顾客对于产品和服务等方面的反馈信息，并及时根据这些信息，制订相应的改进计划，进一步完善销售工作。

（4）不断学习产品知识，积极了解 NIKE 市场活动及各项体育运动，成为 NIKE 公司销售团队内的专家。

其实，这些要求虽然涉及的方面较多，较为具体，但是我们还是可以清楚地将其归纳为两点：丰富的销售经验和技能，身为师者的责任感。对于任何企业来说，这两点都是一名优秀培训师必备的素质。

2.2　培训师如何定位自己的角色

销售培训师以其工作的复杂性，多样性，往往需要在企业中扮演着多重角色，他要像一颗钉子，钉在哪里，哪里就变得分外牢固；他要像一盏明灯，放在哪里，哪里就变得分外明亮。因此，他要根据不同的工作内容来定位自己的角色，使自己能在工作中发光发热，出色地完成每一项任务。通常来说，销售培训师要担任的角色有以下三个方面，如图 2-1 所示。

1	传播企业文化的大使
2	为员工提供专业培训的专家
3	解答员工产品知识疑问的良师益友

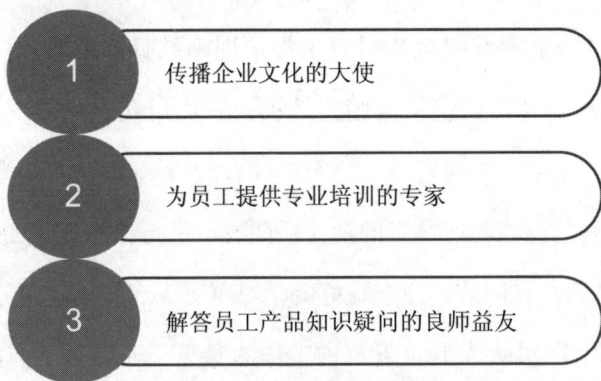

图 2-1　销售培训师的角色

1. 传播企业文化的大使

销售培训师是企业文化的传播者，为企业形象代言。由于其工作的特点，每一个培训师都必然深谙企业的文化，对企业的人文情怀、产品的优势特点了如指掌、烂熟于心。这就要求销售培训师应该承担起传播企业文化的责任。这种传播包含对内和对外两个方面。

在对内传播上，销售培训师要对销售员和相关管理者进行有关企业文化的培训，以增强销售团队的凝聚力和销售员对企业的忠诚度，提升销售员工作的自信心；在对外传播上，销售培训师则向广大顾客宣扬企业文化，树立企业良好的品牌形象，提高顾客对品牌的忠诚度。

通过对内的传播，销售培训师以文化理念为纽带，将每一个销售员联系起来，使大家有十足的干劲，能团结在一起，为了共同的销售目标而努力奋斗；通过对外的传播，销售培训师要吹响企业文化的号角，使品牌形象广为人知，进而深入人心。

2. 为销售员提供专业培训的专家

销售培训师是要为销售员提供专业的培训的，这是一个培训师最基本的职责。这就要求销售培训师必须具备多种多样的销售知识和技能，要按照专家的标准来进行自我定位。

销售培训师在培训时，要以专家的角色来定位自己，这样做，一来可以端正自己的工作态度，鞭策自己精益求精，不断完善丰富销售知识体系，向专家看齐，使自己可以游刃有余地为销售员们解决其工作中可能遇到的问题；二来也可以在销售员面前树立自己的权威，使自己传授的知识能够被很好地领会吸收。

销售培训师应该是企业的专家，也必须是企业的专家，只有明确自己的角色，并努力达到角色的要求，才能不辜负企业和销售员寄予自己的厚望。

3. 解答销售员工作难题的良师益友

销售培训师还有一种角色，那就是销售员的"良师益友"。其"良师益友"的角色体现在销售培训师对销售员工作的督导方面，它要求培训师要能应用自身的各种知识经验，为在工作中遇到困难的销售员提供帮助，指导他们改进销售的方式方法，缓解他们的消极情绪，帮助他们提升销售业绩，成为他们最信任的导师和朋友。

"良师益友"的角色可以使销售培训师更具有亲和力和号召力，使销售团队的氛围变得更为和谐，使团队凝聚力得到加强，帮助销售培训师更好完成督导工作。

销售培训师要在不同的工作上灵活地转变自己角色，无论是"传播大使"，还是"专家"和"良师益友"，销售培训师都要努力以角色的标准来要求自己，做好各项工作，使自己对得起角色的称谓。

2.3　培训师要让销售员具备的三项核心竞争力

销售培训师要使销售员的业绩有所提升，就必须要从根本上入手，提升他们的基本素质，常言道："授人以鱼不如授人以渔。"销售培训师与其传授给他们各种未必实用的销售技巧，不如提升他们领会和运用这些技巧的能力，而这种基本能力才是真正能帮助销售员们提升业绩的核心竞争力。

销售员应该具有的核心竞争力主要有三项：准确的职业定位、综合能力和超强的执行力，如图 2-2 所示。

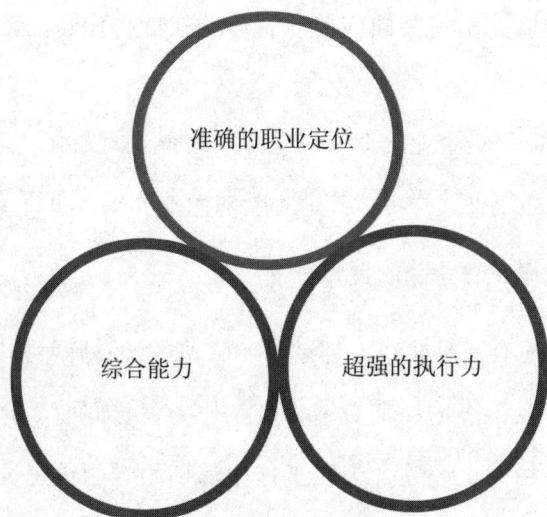

图 2-2　销售员核心竞争力

1. 准确的职业定位

准确的职业定位可以帮助销售员明确自己未来的发展方向，确立奋斗的目标，使销售员以更为坚定的意志，更为饱满的状态来开展自己的工作。

有些销售员没有明确的职业定位，总是见异思迁，抵御不住外界的干扰，见到有人以高薪诱惑，便想着跳槽，无法心无杂念地开展工作，可是跳来跳去，换了很多企业，个人能力得不到提升，职业发展更无从谈起。

销售培训师就要向销售员明确他们在企业的位置和未来发展的方向，为他们描绘一幅美好的发展蓝图，使他们心明眼亮，能真心扎根在企业中，将自己的所有能量都倾注到销售工作中去。

2. 全面的综合能力

所谓综合能力，指的是销售员应该具备的观察能力、实践能力、思维能力、整合能力和交流能力。这五种能力是一名销售员在销售工作中必须具备的，所以，销售培训师提升销售员的这五种能力，就是在全方位地打造一名优秀的销售高手，这也是培训工作的重中之重。

3. 超强的执行力

执行力是销售员有效利用资源、保质保量完成目标的能力，简单来说就是销售员的办事能力。超强的执行能力可以帮助销售员排除万难，高效地完成企业所布置的各项任务，是一个出色的销售员理应具备的核心竞争力。

这三项核心竞争力中，准确的职业定位可以端正销售员的职业态度；全面的综合能力可以提升销售员的职业技能；超强的执行力可以增强销售员的职业素养。培训师让销售员具备这三项核心竞争力，就是要使销售员的个人能力从根本上得到提升，使他们都能成为为企业发展贡献力量的可用之才。下面，我再以优衣库为例，进行说明。

优衣库对于销售员的培养，是按照使他们成为经营者的目标来进行的，用优衣库全球 CEO 柳井的话说："在优衣库，如果没有经营者的核心竞争力，他就不能成为合格的销售员。"

为了实现这个目标，优衣库聘请了一个专业的销售培训师团队，对企业的销售员进行了长期的、深入的培训，从职业定位、销售能力、执行力三个角度入手，全方位打造销售人才。在销售团队的运营方面，优衣库把总部与销售团队的关系确立为对等的关系，使销售团队成为经营的主角，给予销售团队负责人更大的权力，给予销售团队更广阔的发展平台、更大的发展空间。

在这些举措的引导下，优衣库的销售员中涌现了很多有着较强核心竞争力的销售人才，他们都成了推动优衣库快速发展的中坚力量。

优衣库的发展是在人才的带动下实现的。任何企业都是如此，只有销售员提升了核心竞争力，企业的核心竞争力才会真正得到提升。

2.4　如何让销售员进行个人时间管理

时间就是金钱。对于销售员来说，良好的时间把控和管理意味着业绩的提升。

然而，很多销售员并没有意识到时间管理的重要性：有的人工作起来毫无章法，事无巨细都要做一下，不分轻重缓急，结果常常是捡了芝麻丢了西瓜，把大量的时间浪费在无用的事情上，而对真正重要的事情却没有做好；有的人没有时间观念，在工作时喜欢偷懒，总是能拖则拖，能耗一刻是一刻，或者注意力不集中，心里想着别的事情；有的人作风散漫，在工作时总会接一些跟工作无关的私人电话，或者处理一些私人事情。这些做法都会导致销售员的工作效率降低，销售业绩下滑。

使销售员端正态度，合理地利用好时间，进行个人时间管理，便是销售培训师要着力解决的问题。

为此，我总结了以下三个方法，如图 2-3 所示。

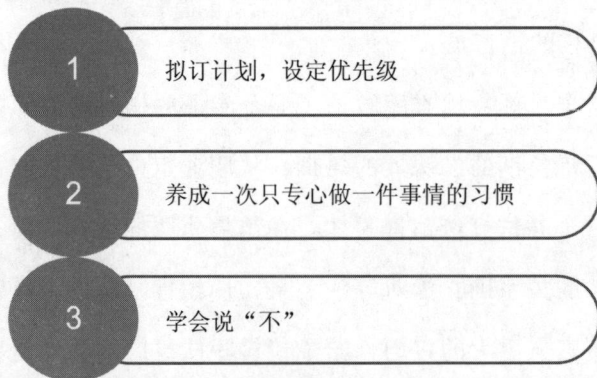

1　拟订计划，设定优先级

2　养成一次只专心做一件事情的习惯

3　学会说"不"

图 2-3　让销售员进行时间管理的方法

28

1. 拟定计划，设定优先级

作家安妮·迪拉德说过："计划可以让您远离混乱和冲动。"一份完善的时间计划表可以大大提高销售员的工作效率。

培训师要在培训过程中，帮助销售员拟订工作计划表，指导他们为自己要的工作设定优先级，将这些工作按照重要程度和紧急程度两项指标，由先到后在表中进行排列。比如：将重要且紧急的事情写在表中第一栏里；将重要但不紧急的事情写在第二栏里，将不重要但紧急的事情写在第三栏里，将不重要且不紧急的事情写在第四栏里。然后，让销售员按照表中所列的顺序，将事情依次处理，做到既有条不紊又主次分明，把最好的工作时间用在最正确的事情上，促进业绩的稳步提升。工作计划表见表 2-1。

表 2-1　销售员工作事项处理先后顺序表

程　度	紧　急	不　紧　急
重要	1. 重要顾客的拜访准备工作 2. 即将举行的重要销售会议和各种活动 3. 重要顾客订单的跟进和处理工作 4. 领导交办的重要任务	1. 重要顾客的维护工作 2. 某些产品的市场推广工作 3. 团队协作工作
不重要	1. 不速之客的来访 2. 某些临时的工作电话 3. 某些需要处理的信件或报告 4. 临时要参加的活动	1. 日常例行公事 2. 不重要的信件 3. 某些私人电话 4. 各种业余活动

2. 养成一次只专心做一件事情的习惯

"一心不可二用"，销售员要想把事情又好又快地处理好，关键就是要专注做一件事。美国心理协会的一项研究表明，人们同时进行多任务处理所花的时间要比完成单项任务时多出 20%~40%。因此，培训师要培养销售员一次只专心做一件事情的习惯。通过对工作任务的布置，对销售员工作态度的监督，逐步矫正他们各种散漫、懈怠、工作中走神、易受干扰等不良习惯，使他们都能自觉把注意力集中到一件事上来，有效利用时间，切实提高工作效率。

3. 学会说"不"

为了能够在有限的时间内处理好更重要的工作，销售员就要学会对那些优先级不高的事情说"不"，比如在处理重要工作时，拒接无关紧要的电话，不理会那些临时发生的各种琐事等。培训师要培养销售员对不重要的事情说"不"的意识，使他们都能杜绝其他干扰，全力投入眼下的事情上。

时间是宝贵的，无论是企业，还是销售员，每个人每天的工作都是在与时间赛跑。企业赢得了时间，就等于抓住了发展的机遇，在竞争中取胜，实现腾飞；销售员赢得了时间，就能使自己的业绩得到迅速提升，走上事业的巅峰。把握好时间，就是把握住了未来。因此，销售培训师要想做好培训工作，就一定要教会销售员管理时间的能力，要让销售员在工作中有危机感，有紧迫感，时刻绷紧神经，不断挑战自己，逐步成为企业不可或缺的骨干精英。

2.5 目标管理的核心是什么

目标管理是培训师先为销售员确立目标，再以目标为导向，积极促使他们取得最佳业绩的管理方法，是现代企业中常用的一种管理模式。它是由美国管理大师德鲁克在其著作《管理实践》中提出的，德鲁克认为："先有目标才能确定工作，所以企业的使命和任务必须转化为目标。"

目标的重要性毋庸置疑，它是人们努力奋斗的动力源泉。有了目标，销售员才会有不竭的动力，才会为了达成业绩目标，不断努力工作；而没有了目标，销售员们就会得过且过，浑浑噩噩，无所适从。它就像是黎明前一抹曙光，或者是海上的航标灯，给销售员带去希望，指引着他们前进的方向。因此，目标管理也是培训师培训工作的重要内容。

　　培训师在做目标管理时，要注意做到以下 3 个方面，如图 2-4 所示。

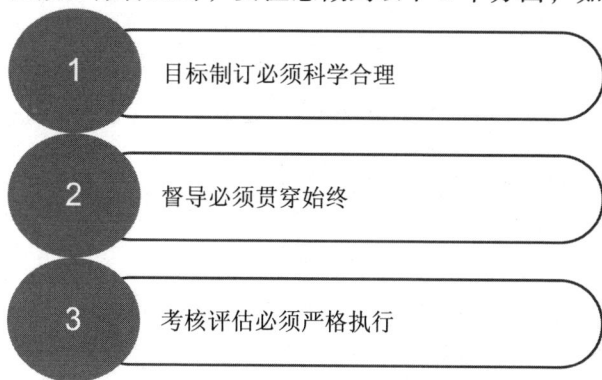

图 2-4　目标管理所需要注意的问题

1. 目标制订必须科学合理

　　目标管理是否能产生理想的效果，首要取决于目标的制订。如果目标不切合实际，偏离了培训的目的和初衷，那么整个工作就等于被宣告失败，销售培训师无论将后续的工作做得多好，也注定不可能达成目标的要求，因此，培训师在制订目标时一定要慎之又慎，要根据实际情况，综合考虑多方面的因素来确定目标，务必确保目标的科学合理。

2. 督导必须贯穿始终

　　管理是监督目标达成过程的手段和方法。销售培训师要想将管理做得好，关键在于要将督导工作贯穿于完成目标过程的始终，要全程跟踪每一个目标的进展，对于销售员在工作中的失误及时纠正，保证目标的顺利完成。

3. 考核评估必须严格执行

　　任何一个目标的达成，都离不开严格的考核评估。培训师要严格执行考核评估，严格按照目标管理方案或项目管理目标，逐项对销售员的工作情况进行考核，并通过考核，对销售员给出中肯的评价，指出销售员在完成工作目标过程中所出现的疏漏和不足之处。

由此，我们可以看出，目标管理的核心就是以目标为指导，坚定方向，及时修正。它是最适合培训工作的管理方法。销售培训师要践行目标管理的理念，把它贯彻到培训工作的各个环节，融会贯通，最终推进目标完美快速的达成。

2.6 训练指导是教得多，还是练得多

我做培训工作时，遇到过很多企业的培训师，我发现他们通常会有一个困扰，就是他们在为销售员做培训指导时，总是举棋不定，不知道教得多和练得多哪一个效果更好。其实，对于这个问题，我们不能一概而论，训练指导应该教得多还是练得多，我觉得培训师还是要根据销售员的能力特点和学习情况而定，要因材施教。

这种因材施教要求销售培训师要在每一阶段培训结束后，对销售员的实际工作情况进行评估，根据评估结果分析销售员自身存在的问题，再有针对性地设计安排后续的培训，以解决这些问题。对于没有掌握技巧的销售员，销售培训师应侧重教；对于掌握技巧但业绩不突出的销售员，培训师应增加其"练"的比重。

因此，关于教与练的选择，培训师要做的就是不能墨守成规，不能拘泥于以往的经验和具体的培训方法，照本宣科。要从销售员的角度出发来看问题，不断地观察销售员的实际工作情况，完善培训手段，以解决销售员的特定需求为最终目标。

我曾经为两家企业的销售员做过培训，想通过这两家企业培训的对比，来反映在培训指导上经常会出现的教与练的取舍问题，希望能给大家提供

一些借鉴。

甲公司的销售员都是有着多年销售经验的老销售员，他们身上存在的问题是实战经验有余但理论不足，由于没有接受过系统的销售技能培训，没有理论指导，他们在销售时通常都是靠自己的想法来摸索，因此难免会遇到很多无法解决的难题，导致销售业绩迟迟得不到提升。

而乙公司的销售员则恰恰相反。作为一家初创公司，乙公司将销售员的上岗培训工作做得非常充分，在销售员上岗前，为他们组织了大量密集的理论知识培训和考核。因此，乙公司销售员的销售技能和知识非常全面，但他们缺乏足够的实践经验，总是无法将销售技巧运用到实际工作中去，这也导致了销售业绩无法提升。

针对这两家企业销售员的实际情况，我为甲公司的销售员准备了以"教"为主的培训课程；而对乙公司的销售员，则注重对他们进行销售场景的模拟演练，并给予他们相应指导。虽然我对两家企业培训的侧重点各不相同，但由于方法的针对性强，这两家企业销售员的业绩都在短期内获得了明显的提升。

销售培训师的培训指导工作不是一件程式化的工作。这就好比种田，不同的土质适合不同的庄稼，我们要因地制宜；同样，不同的销售员适合不同的教学方法，我们要因材施教。培训师不能死板教条，不能谨小慎微，要根据实际情况在教与练中灵活选择，以求达到最优训练效果。

2.7　干劲是激励出来的

干劲是激励出来的。采取有效的激励机制，让销售员保持旺盛的工作热情和饱满的工作状态也是销售培训师的重要工作内容之一。

目前最流行的员工激励理论是马斯洛需求理论。马斯洛需求理论把人的需求从低到高依次分为生理需求、安全需求、社交需求、尊重需求和自我实现需求五类，如图 2-5 所示。

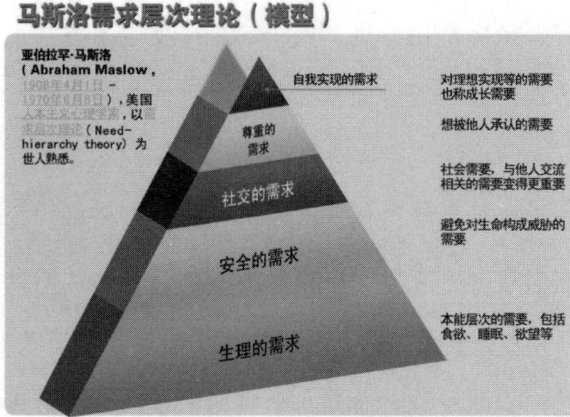

图 2-5　马斯洛需求层次理论

根据马斯洛需求理论，所有人都有这五种不同层次的需求，且在不同时期，人们对这五种需求所表现出来迫切程度也是不同的。因此，培训师只要根据销售员最迫切的需要，适时采用相应的激励机制，就可以充分激发销售员的干劲，调动销售员工作的积极性。

通常来说，培训师在激励销售员干劲时，可以采取以下 4 种方法，如图 2-6 所示。

1　加薪奖励制度

2　完善的晋升制度

3　多赞美员工

4　倾听员工意见

图 2-6　激励办法

1. 加薪奖励制度

加薪激励是培训师激励销售员最主要的形式，是最常规的方法。薪水可以保证销售员的生存，可以满足销售员各种各样的物质需求，因而加薪激励通常可以极大地激发销售员的工作热情，使他们为获得更多的薪水而更加努力地工作，而且对业绩突出销售员的加薪激励，还能在销售团队内树立榜样，鼓舞其他销售员的斗志，起到带动团队整体提升的作用。加薪的方式主要有直接加基本工资和提高奖金两种。

2. 完善的晋升制度

销售员都有自己的职业规划，都渴望获得良好的发展前景和晋升空间。好的晋升制度就可以满足他们这方面的需求。培训师可以根据销售团队的具体情况，以业绩论英雄，让业绩好的销售员优先获得晋升，这样就可以有效激励销售员为获得晋升的机会，鼓足干劲，全身心地投入工作中去，形成人人进取争先的团队氛围。

相反，如果培训师仅凭资历来提拔销售员，以在企业工作时间长短来作为晋升标准，不仅不能起到激励销售员的作用，还会使那些业绩好的销售员因为迟迟得不到晋升而产生不满情绪，进而变得怠惰，不思进取。因此，培训师应该设置完善的晋升标准，给销售员带来正向激励，给销售团队带来良性竞争。

3. 多赞美销售员

赞美和鼓励可以使人心情愉悦，使人更加自信，以更好的状态、更充沛的热情开展工作。所以，培训师要多给予销售员赞美。在赞美时，培训师要做到及时而有效，只要销售员表现出色，便应立刻予以称赞，不要吝惜褒奖之词，要让销售员充分感受到赞赏和认可。赞美的形式除了口头赞赏外，还有书面表扬、一对一谈话表扬和公开表扬等。

4. 倾听员工意见

善于倾听可以展现出培训师的亲和力，是培训师融入团队最好的方式，也是与销售员和谐相处的有效途径。培训师应该多多倾听销售员的想法，让销售员参与到销售管理决策中来，并从善如流，对有价值的建议积极予以采纳，这样做可以使销售员感受到企业的重视，激发出成绩感，极大地刺激他们的工作热情。与物质激励相比，这种精神层面的认可所带来的激励效果往往更为显著。

激励销售员干劲的方法其实远不止这些，总的来说，培训师只要能够站在销售员的角度，了解他们的真正需求，并满足这些需求，就一定能达到鼓舞士气，激励干劲的目的。

2.8　定标准、给方法、道原因

我在前文已经多次提到，销售培训师的工作职责就是要为销售员制订统一的工作标准，向他们传授销售技巧和方法，在督导过程中指出他们在工作中遇到的问题并说明问题产生的原因。即"定标准、给方法、道原因"，本节，我将对这三个方面分别进行论述。

1. 定标准

培训师必须要为销售团队制订合理的工作标准。以这个工作标准做参照，培训师不仅可以衡量每个销售员的工作量，还可以衡量一个销售团队在一段时间的销售业绩。

为销售团队和销售员制订标准可以规范销售员的销售行为，指导销售工作有序进行，促进销售员业绩和团队效益的提升。

在制订标准时，培训师要注意的是，要结合企业和销售团队的具体情况，决不能脱离实际。如果培训师为销售员制订的标准过高，使绝大多数销售员在正常情况下都无法完成，这样做不仅无法起到指导销售员工作，调动他们积极性的目的，还会适得其反，致使他们产生消极抵触情绪，使销售工作陷入混乱。

培训师要重视标准对于销售员的指导意义，要本着人性化的原则，合理制订标准，使其发挥出应有的作用。

2. 给方法

教会销售员具体销售技巧和方法是培训师在培训过程中的主要工作，也是培训师帮助销售员提升销售业绩的关键。培训师在培训过程中，要充分运用各种授课技巧和方法，如：案例教学、强调目标的作用、强调举一反三等，避免死板僵化的填鸭式教学，使所要教授的技能能更好地被销售员领会吸收。

3. 道原因

道原因即培训师对培训的效果进行评估和跟进，为销售员指出其工作问题产生的原因，并给出解决的办法，它主要应用在督导过程中。在道原因时，培训师要注意的就是，在收集完销售员工作反馈信息后，要对信息进行深入的分析，准确找出问题产生的根源。如果培训师对信息分析得不够透彻，将原因把握得不准，就很难为销售员解决问题，甚至导致销售员陷入误区，无法促进他们业绩的提升。

总而言之，"定标准，给方法，道原因"。贯穿于培训的始终，是销售培训师开展培训工作的三个重要环节。销售培训师只要解决好这三项工作中的难点，就一定可以将培训工作做好，使销售员的技能和业绩得到迅速提升。

第3章　卓越的销售培训系统造就了不起的销售管理体系

卓越的培训系统可以帮助企业的销售团队做好管理，这一点是无数企业用实践证明过的。卓越的培训系统对优化管理体系的作用有如下4点。

卓越的培训系统能为销售员树立正确的销售目标和努力方向，规范销售员的销售行为，纠正他们在工作中出现的各种错误，分担管理体系的工作。

卓越的培训系统能使企业的文化理念深入人心，促使销售员自觉遵守企业的各项制度，降低管理的难度。

卓越的培训系统能及时收集销售员的各项工作数据和工作进展情况，并向企业反馈，为企业管理决策提供各种切实可行的建议，提升管理的效率。

卓越的培训系统能建立良好的激励机制，能鼓舞士气，使团队内形成积极向上的良性竞争氛围，保障各项管理措施的有效实施。

在本章，我就如何打造为管理体系服务的培训系统，来做具体说明。

3.1　什么是 PDCA 培训体系

"PDCA"是最常用的销售培训体系，这个体系中各个字母的含义如下：

P——Plan(计划)：它包括销售方针和目标的确定以及培训规划的制订。

D——Do（执行）：培训师根据已知的信息，设计具体的方法、方案和计划布局，再根据设计和布局，进行具体培训，逐步实现计划中的目标。

C——Check（检查）：培训师总结培训的结果，帮助销售员分清对错，明确效果，找出问题。

A——Adjust（纠正）：培训师对总结检查的结果进行处理，其中包括对成功的经验加以肯定，并予以标准化；对失败的教训加以总结，引起重视。

对于那些在一套 PDCA 环节中没有解决的问题，培训师应在下一个 PDCA 循环中去解决。

总结起来，这个培训体系就是，培训师要在行动前先做好计划，然后有效地去执行，并对执行的情况及结果进行检查，再以全新的方针方法付诸行动。

由此，我们可以从 PDCA 体系的各环节中看出，它实际上就是培训师对销售员工作的一种规范和管理的过程，也是企业管理体系的重要组成部分。

有了 PDCA 体系，企业可以通过培训师，将企业的战略决策、文化理念，向销售员进行有效的灌输和传达，对销售员的各种工作行为进行管理和监督；也可以通过培训师及时了解销售员的想法和意见，做出相应的调整，使企业的各项举措能更加人性化，更加适合销售团队的发展。

在这个体系中，培训师所扮演的角色是培训体系的引领者、企业管理决策的实施者、销售员想法意见的传达者，他是联系培训系统与企业管理体系的纽带，是企业管理者与销售员沟通的桥梁。

对于企业来说，培训师是传达企业命令，体现企业意志的代言人。但对于销售员来说，培训师的工作绝不仅限于此，他还应该是销售员工作的导师，是处于一线的基层管理者。

因此，培训师要想实现对销售员的有效管理，把培训系统变为企业管理体系一部分，就应该严格按照 PDCA 培训体系的流程开展工作，充分发挥这个体系的工具作用，将培训落到实处，将企业的理念贯彻到每个销售员身上。

3.2　如何制订清晰的销售培训计划

销售培训师要想将培训工作做好，制订一份清晰的培训计划自然必不可少。在这里，"清晰"包含着两层含义：第一，条理清晰。培训师在制订计划时，要保证计划有一定的逻辑性和层次感，能使销售员更容易理解领会培训内容；第二，目标清晰。培训师要保证计划能体现企业的发展目标，传达企业的管理理念和方式方法。

其中，第二层含义更为重要，是培训师要着重做到的。培训师要把培训系统与企业管理体系融合起来，就要从培训计划上入手，使销售员在培训初期就对企业的管理理念和方式有所认识和了解，为后期的管理工作打下坚实的基础。

因此，销售培训师在制订培训师计划时，一定要对企业的管理体系和理念有深刻的认知和把握，做到有的放矢。具体的计划制订流程如图 3-1 所示。

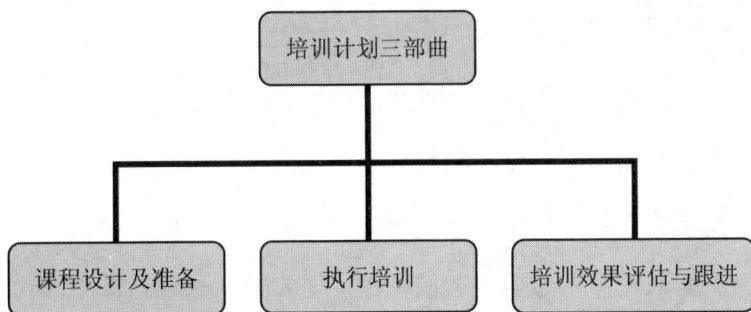

图 3-1　培训计划三部曲

1. 课程设计及准备

课程设计和准备的工作非常烦琐，常常需要消耗培训师大量的时间和精力。首先，培训师要对参加培训的销售员的能力水平、销售知识的掌握程度有充分的了解，根据销售员的自身情况，有针对性地设计培训课程；其次，培训师还要把企业的文化理念、价值观以及各项管理制度穿插到课程中去，帮助销售员领会企业精神，找到归属感，真正融入企业当中；再次，培训师在设计课程时，还应灵活应用各项培训技巧，丰富教学手段，尽可能地使所要教授的知识更容易被领会吸收。

我在以往的培训中，经常见到一些培训师忽略课程的设计和准备，用一份课件开展数次培训，既不重视对销售员的了解调查，也不重视对企业管理理念的灌输传播，显然，这样的培训效果多半是不好的。培训师不能只单纯讲讲课就了事，要想想你在为谁培训，你服务的目标是谁，如果达不到目标的要求，我们的培训又有何意义？只把培训当成一种差事来应付，是一种不负责任的表现。

因此，培训师要对课程设计工作有高度的重视，在设计时要综合考虑各方面的因素，以使销售员尽快融入企业为目的，来设计课程，为后续的培训打下基础，进而为企业未来的管理工作定下基调。

2. 执行培训

执行培训是培训师向销售员具体讲授知识、传播文化理念的过程。在这一环节中，培训师要频繁与销售员展开互动，运用各种沟通技巧，使自己所教的知识能更好地被销售员领悟吸收，同时，还要积极树立自己的正面形象，彰显亲和力、感染力和权威性。要知道，这种培训中的沟通和联系正是企业管理工作的开始。

因此，销售培训师要不断锻炼自己的人际交往技巧，在培训时避免一些授课误区，使培训取得成功。我根据以往的经验，总结了一些培训师在执行培训过程中常见的误区，希望能给大家提供一些借鉴，见表 3-1。

表 3-1　培训过程中培训师常见讲课误区

常 见 误 区	具 体 表 现	改 进 方 式
目的不清	希望通过特定方式激发销售员的灵感，但目的过多，由于方法不当，导致事与愿违，反而让人无法摸清目的	应事先弄清每次课的主要目的，一次只解决一个问题
缺乏组织和驾驭能力	经验不足，对课堂的时间把握不够准确	多多参与培训课程，总结经验，向前辈学习
充斥太多信息	课程细节太多，不够精练	使用最经典的案例，而不是用案例堆砌课程
语言表达不准确	词不达意，甚至前后矛盾	做好课前准备，进行事先练习，增强自己的语言表达能力
声音单调	语言没有起伏，无法吸引销售员的注意力	学习演讲家的发言方式，注意运用重音等技巧
未能满足销售员的需求	所讲的课程都是自己感兴趣的，销售员不感兴趣也学不到东西	了解销售员的特点，以销售员的需求为主进行备课

这些培训误区会极大地降低培训的效果，是每一个培训师都应该在培训过程中努力避免的，希望培训师们对此有则改之，无则加勉。

3. 培训效果评估与跟进

培训效果的评估与跟进，就是培训师根据销售员的知识掌握程度、能力提升情况、对企业管理理念的了解程度，来对培训效果进行评估，进而为后续培训课程的制订，改进方向的确定提供依据。它是培训师的督导环节，也是企业管理中的员工反馈环节。

为了能够切实了解到销售培训的效果，培训师可以采用多种方式进行评估，比如，课间休息交谈、课中提问及密切观察、问卷调查、口头提问、书面测试、技能测试等。

从上面的内容中，我们可以看出，以上 3 步正好对应了培训的计划阶段、实施阶段和检查阶段，它们便是一份清晰的培训计划应有的三个部分。培训师应该注重把企业的管理理念贯穿渗透在这三个部分当中，使销售员经过培训，都对企业的内部文化和管理制度有深刻的了解，自觉遵守管理制度，服从企业的安排，展现出心系企业、积极进取的精神面貌，为企业管理工作的顺利开展创造必要的条件。

3.3　如何执行培训计划

如果说制订清晰的培训计划可以帮助培训师有效地向销售员灌输企业管理理念和制度，那么，培训计划的执行工作便是培训师向销售员们展现企业管理能力、自身超强执行力的最合适的舞台。

为了能使培训计划得到高效、完美的实施，培训师要在执行计划过程中，采用一些小技巧，具体来说，培训师可以采用以下 3 个技巧，如图 3-2 所示。

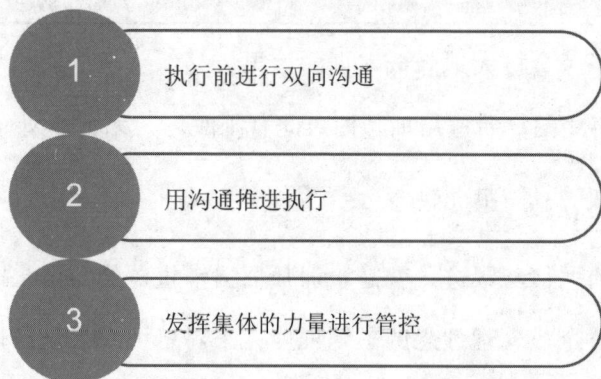

1	执行前进行双向沟通
2	用沟通推进执行
3	发挥集体的力量进行管控

图 3-2　执行计划的技巧

1. 执行前进行双向沟通

双向沟通是培训师在执行培训前，就培训的各项内容和培训安排，与参加培训的销售员们进行探讨，听取销售员的意见的过程。

进行良好的双向沟通，既可以使销售员对培训课程有初步的了解，有利于使他们更快地进入学习状态，提升培训的效果，也可以帮助培训师深入地了解销售员的需求，有针对性地调整课程安排，最大限度地使销售员的技能和知识水平得到提升。

培训师进行双向沟通时，要遵循以下 3 个步骤。

（1）培训师要先向参加培训的销售员讲解此次培训的总体规划和目标，然后让销售员在培训的总体框架内，提出自己的想法和建议。

（2）培训师要对销售员的意见进行汇总，从中找出被提出较多、可行性较强的方案，对培训课程进行修正。

（3）对于那些有特殊培训要求的销售员，培训师要与他们进行更为密切的沟通，根据他们的自身情况，设置更为有针对性的单独培训。

在进行双向沟通时，培训师要做到，既要通过沟通来体现企业管理的人性化，也要通过沟通来展现出企业管理的强制性和纪律性。比如，在为自己设定学习目标的环节，一些销售员可能会因为信心不足，将自己的目标设得很低、很容易完成。那么，培训师就要严格执行标准，不能向销售员妥协，坚决杜绝他们散漫懈怠的作风，要保证高标准、严要求，让他们挑战更高的目标，实现更大的进步，以满足企业的要求。

2. 用沟通推进执行

培训师在培训过程中也要与各方保持充分的沟通，用沟通来推进计划执行。在这里，沟通是一个上传下达的过程。培训师一方面要向企业决策者汇报培训进度和成果，以及销售员的需求；另一方面也要和销售员展开沟通，了解培训效果，并传达企业决策者的指令。

因此，在整个培训过程中，培训师的角色就是企业决策者和销售员之间的桥梁，是各种信息传输的枢纽。他要保证下达的指令和反馈的意见都能被快速地、准确地、顺畅地传达出去，使培训的各个环节都能高效运转起来，最终使培训计划得到顺利的执行。

培训师常用的沟通方式有：到负责人办公室当面沟通、写书面报告、使用社交软件沟通等。

培训师用沟通推进计划执行，既是为了保证培训工作的顺利进行，也是为了向销售员展现企业管理体系的高效率，从侧面对销售员起到鼓舞和带动作用。

3. 发挥集体的力量进行管控

为了保证培训工作的高效有序进行，使销售员不偏离轨道，都能按部就班地完成培训任务，培训师就要对培训各环节进行管控。在管控中，培训师要重点做到发挥集体的力量。

相比于培训师单方面的管控，发挥集体的力量进行管控有两个优点。第一，集体的力量显然比一个人的控制力更为强大，它可以随时随地对销售员进行监督，更能起到约束销售员行为的作用。第二，发挥集体的力量，能使销售员在相互监督的过程中，自觉养成遵守企业各项规章制度的行为习惯，这也是企业管理的一个具体措施。

培训师在发挥集体力量时，不能仅依靠自身的个人魅力，对销售员进行动员，因为个人的感召力往往并不持久，也无法成功动员所有销售员。培训师要通过对企业文化和理念的灌输，营造一种团队氛围，使身处团队内的销售员在认可了企业文化后，产生一种凝聚力，将遵守各项制度内化为自我意识，实现自我管控。

培训师执行培训计划的过程，实际上是培训师对销售员进行管理的过程，也是企业展现管理能力和强大执行力的过程。培训师应与销售员加强沟通联系，积极向他们灌输企业文化，打造出一支高度忠于企业、具有高度凝聚力和自我约束力的销售团队，便于企业管理工作的顺利开展。

3.4　如何做好对培训效果的跟进

对培训效果的跟进工作是培训的一部分，也是企业管理体系的重要组成部分。培训师通过对培训效果的检查和评估，了解销售员工作能力的提升情况。从细节上说，它是培训师帮助销售员巩固销售知识，进一步提升销售技能的重要途径；从总体上看，它是企业管理体系强大掌控力的表现形式。

企业决策者通过培训师了解销售员的各项反馈信息，可以制订各种有针对性地管理策略，优化管理体系。因此，做好培训效果的跟进，对于强化企业的管理工作有着重要作用。

具体来说，做好对培训效果的跟进，培训师可以从销售员反应、学习收获、行为表现和绩效结果四个方面入手，如图 3-3 所示。

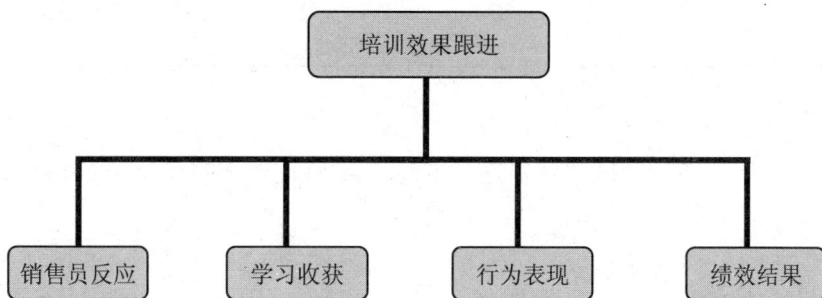

图 3-3　培训效果跟进

（1）销售员反应

销售员反应主要是指销售员对培训的感受和看法，其中包括销售员对培训内容、培训方式、培训环境、培训师本人等各个方面的，积极的或消极的看法。了解销售员的反应对培训师改进自身工作有着重要的指导意义。

通常来说，培训师可以利用问卷调查的方式开展这项工作，表 3-2 是一份问卷调查表的模板，供大家参考。大家也可以根据实际情况进行调查表的编写和调整。

表 3-2　某企业销售员培训结果满意度调查表

您对本次培训组织的总体评价为：	□很满意　□满意　□一般　□不满意
一、培训内容	
1. 您认为本次培训课程对您工作的帮助程序	□很满意　□满意　□一般　□不满意
2. 您认为本次培训课程内容的安排逻辑及层次如何	□很满意　□满意　□一般　□不满意
3. 您认为本次培训课程是否解决了您工作上的实际需要	□很满意　□满意　□一般　□不满意
二、培训师	
1. 您认为培训师的专业水平和培训经验如何	□很满意　□满意　□一般　□不满意
2. 培训师对教学内容、培训目标的阐述是否具体、明确和完整	□很满意　□满意　□一般　□不满意
3. 您对本次培训的教学方式是否满意	□很满意　□满意　□一般　□不满意
4. 您对培训师在教学辅助设备的运用是否满意	□很满意　□满意　□一般　□不满意
三、培训组织	
1. 您认为本次培训的组织工作做得如何	□很满意　□满意　□一般　□不满意
2. 您认为本次培训的场地、培训辅助设备符合培训要求吗	□很满意　□满意　□一般　□不满意
其他意见：	

（2）学习收获

学习收获主要是培训师以培训课程的总体目标为标准，衡量销售员对培训内容的掌握程度。培训师可以通过闭卷考试、问卷调查、实际演练、观察评分等方法进行评估。

（3）行为表现

行为表现主要是指培训师对销售员接受培训后的工作行为表现进行评估，以此来确定销售员是否有效、持续地将培训中学到的知识技能运用到了工作中，进而确定培训是否真正对销售员能力的提升起到了促进作用。在评估销售员的行为表现时，培训师一般可采用现场观察、跟踪问卷调查、小组访谈等方法。

　　值得注意的是，销售员从理解领会销售技能，到将其熟练地应用到具体工作中，往往需要一段时间的实战锻炼，这就存在一个时间差。培训师应该充分考虑到这个时间差，根据培训内容，灵活选取合适的时机，对销售员的行为表现做出准确的评估。一般来说，行为表现评估选在培训结束的三个月或半年后进行，是比较恰当的。

　　（4）绩效结果

　　因为提升绩效是企业组织销售培训的最终目的，所以绩效结果便是销售员培训效果在最高层面的表现形式，它反映了培训对销售业绩的提升状况。查看销售员的绩效结果比较简单直观，培训师只要查看相关销售员的业绩数据即可，如果参加培训的销售员整体业绩得到了明显提升，那么，这就说明这次培训是成功的。

　　由上文我们可以看出，对培训效果进行跟进的 4 个方面正是从 4 个不同层次展开的，它们分别是销售员的个人感受、销售员对知识的掌握程度、销售员对技能的实际运用程度、销售员的最终业绩表现。这 4 个层次由低到高，分别属于不同的阶段。培训师只有对这 4 个层次的评估层层把关，严格考核，才能真正将培训效果的跟进工作做好，也为下一次培训的设计工作提供依据，进而使管理工作更为完善具体，使企业的管理体系更具有效率和掌控力。

　　培训系统其实就是一个小型管理体系，是企业管理的试验田，它的每一个环节都渗透着企业的管理理念。如果培训系统失灵，企业的销售团队就很容易脱离掌控，削弱企业管理体系的控制力，使企业的机体陷入瘫痪。

3.5　如何建立激励机制

　　在前面部分中，我重点讲了培训的各个具体环节对于企业管理工作的意义。接下来，我讲讲培训师如何通过建立各种激励机制，调节销售团队内部氛围，来调动销售员的积极性，强化企业的管理。

在团队内建立激励机制是培训师工作的一项重要内容。它对鼓舞销售员们的干劲，激励他们努力工作，提高整个团队的效益有着不可替代的作用。那么，培训师要如何建立长效的激励机制呢？我认为其可以从以下两个方面入手。

1. 突破常规体制，实行人才动态管理

所谓人才的"动态管理"，就是培训师要在团队中引入竞争机制，确立"以人为本、用人唯才"的用人方针，要以工作能力和业绩作为晋升和裁撤的主要标准，让能力强、业绩好的人获得晋升和各种奖励，同时让不努力进取、业绩差的人受到一定的惩罚，并保持一定的下岗率。这样做既可以激励业绩好的销售员为获得奖励而更加努力地工作，也可以使那些业绩较差、工作涣散、缺乏进取心的人产生危机感，从而端正态度，更积极认真地投入工作中，提升自己的业绩，使整个销售团队的工作积极性和活力都被充分调动起来。

在践行动态管理机制过程中，培训师要做到以下两点。

第一，培训师要彻底打破论资排辈的晋升机制，构造全新的人才晋升渠道。人才是事业成败的关键，是企业发展的原动力。因此，对有发展前途的销售人才，培训师要定向培养、破格提拔、敢于重用，为他们提供一个能充分发挥自己优势的空间，做到人尽其才、才尽其用。

第二，培训师要结合企业实际，实行"末位淘汰制"。培训师通过建立劳动用工置换机制，以竞争上岗、二次竞岗等形式，逐步补充能力强、素质高的销售员，提升整个销售团队的竞争力和业绩水平。对于团队高层职

位，培训师要采取在全体销售员中公开竞聘的方式，要保证公平公正，择优任用。而对那些业绩考核倒数第一者，培训师要对他们进行下岗培训，如他们再上岗后仍不能提升业绩，就对他们实施降职处理或解聘免职。这样一来，销售团队内部就形成了竞争淘汰机制，销售员的危机感就会大大增强，进而发奋工作，实现业绩的提升。

2. 建立科学的考核评价体系

考核评价体系是企业对销售员进行晋升、聘任、奖惩及调整工资待遇的依据，是企业对销售员工作的检查和评定，关系到每个销售员的切身利益，备受销售员们关注。所以，培训师就一定要建立科学的考核评价体系，以使其得到每个销售员的认可，使考核评价结果更有说服力，增强考核评价的激励效果，在团队内营造出积极向上、公平民主的工作氛围，使每个销售员都能以充沛的斗志投身到工作中。

培训师要建立科学的考核评价体系，就要在考核时坚持客观公正、民主公开、注重实绩的原则。从"德、能、勤、绩"四个方面，对销售员进行综合评估，重点考核销售员的销售业绩，并根据考核结果对销售员采取相应的奖惩措施。

培训师对于绩效考核结果的奖惩措施要更加多元化，不应仅局限在调整薪酬、调动职位上面，还可以采取其他措施，如给予相应销售员培训机会、各项荣誉、晋升机会、离职解聘等。多重奖惩制度可以更有效地发挥绩效考核评价体系的激励作用，激发每一位销售员的潜能，为企业的发展带来不竭的动力和活力。

激励机制是企业通过培训师对销售员进行管理的一项重要手段。它通过"徙木立信"的方式，向销售员明确工作的考核标准和各项奖惩措施，为销售员们树立目标，引导他们发挥主观能动性，自觉遵守企业的各项规章制度，努力提升业绩，帮助企业打造出一支适合自身发展的、具有较强纪律性和进取心的销售团队。

3.6 如何使企业管理体系与培训系统相结合

企业的管理体系就好比人的"中枢神经"，它要负责对企业的各个部门、各个团队进行充分的掌控和管理；而企业的培训系统就是人的"末梢神经"，它要负责对每一个销售员的工作行为进行具体细致的引导和管理。因此，企业要想使自己的"中枢神经"能有效支配各个部门乃至各个销售员，使企业的各项政策和指令能够得到较为顺畅的传达，保证企业的机体能统一思想，健康有序地的运行，就要强化管理体系，将管理体系与培训系统紧密地结合起来，实现对销售团队更为有效的管控。

那么，我们要如何将企业管理体系与培训系统相结合呢？关键就是要做到使企业晋升机制与培训成果相结合。

我们都知道，晋升机制是销售员晋升的条件、方法与流程，是企业激励机制的一部分，是销售员们最关心的环节。如果我们把培训成果与企业的晋升机制挂钩，让培训成果成为决定销售员是否晋升的一项重要标准，那么，一方面会使销售员端正态度，以更积极认真的状态参加培训，努力提升自己的销售技能和业绩；另一方面也会使培训系统的管理与企业的管理体系充分地融合在一起，使晋升机制这块诱人的蛋糕发挥强大的"磁石效应"，引导销售员的工作行为和努力方向，强化企业管理的掌控力。

我以广州的一家服装企业为例来说明。该企业将销售员的晋升机制和培训成果相结合，使企业管理充分渗透到培训系统当中，取得了非常不错的效果。它的具体做法是，培训师在培训结束后，会根据销售员在培训过程中的表现，为他们打分，将他们所得的分数与他们的销售业绩相结合，作为晋升考核的标准。培训分数较高且业绩突出的销售员可以优先获得晋升机会，可以被提拔为销售小组组长、销售经理和销售主管等。

这样一来，有了晋升机制的引导，该企业的销售员们都以更高的热情、更强的动力参加培训，使自己的努力方向和企业的发展方向达成了高度的统一，进而使培训效果得到了显著的提升，实现了业绩的突破，也带动了企业的发展。

将晋升机制与培训成果挂钩，激励销售员积极参加培训，提升业绩。这是企业将管理体系与培训系统相结合，通过管理体系的掌控力管理引导销售员工作的主要方式，值得企业管理者们认真借鉴。

3.7　如何运用激励因素改善培训师的带教意愿

企业管理者除了要加强对销售员的管理和激励外，更应该重视对培训师的激励。显然，培训师对于企业而言，其在管理体系中的地位是异常重要的，是连接管理体系与培训系统的关键环节，是企业各项管理制度的具体实施者。如果培训师的工作做不好，不仅会导致销售员的技能和业绩无法提升，还会产生负面影响，致使销售员业绩大幅下滑、销售工作陷入混乱、销售团队脱离掌控等。

因此，企业就应该积极利用一些激励因素，来改善培训师的带教意愿，使他们也能以更饱满的热情开展培训工作。那么，企业应该如何利用激励因素改善培训师的带教意愿呢？具体方法如图3-4所示。

一	目标激励
二	竞争激励
三	奖惩激励
四	关怀激励

图 3-4　利用激励因素改善培训师带教意愿的具体方法

1. 目标激励

目标激励就是企业管理者为培训师设置培训目标，对其目标完成情况进行考核评估，并根据评估结果给予其相应的奖励。

在目标激励带动下，培训师可以通过认真的培训，将目标合理地落实到每个销售员身上，促使销售员完成目标，进而完成自己的培训目标，获得奖励。目标激励能使培训师明确自己的工作目标和努力的方向，使培训工作更具有明确的侧重点和指引性。

2. 竞争激励

竞争激励就是企业管理者为培训师们营造一个公平公正的竞争环境，将职场变为培训师们比拼角逐的赛场，并对那些在竞争中崭露头角的业绩突出者，予以相应的奖励。

在竞争激励的带动下，培训师会为了击败竞争对手，在工作中奋发图强，勇攀高峰，使自己的工作成绩不断提升。竞争激励对培训师有着极大的鞭策和督促作用，而在竞争中取胜的培训师也会获得巨大成就感和满足感。

3. 奖惩激励

奖惩激励就是企业管理者通过对工作成绩突出者进行奖励、对工作失误者予以惩罚的方式，来引导和规范培训工作，引领团队沿着正确的方向前进。

在奖惩激励的影响下，培训师能够明确自己的工作方向，自觉杜绝各种错误的做法。奖惩激励通过赏罚分明的措施，使培训师更有组织性和纪律性，有效改善团队中的散漫懈怠的不良风气。

4. 关怀激励

关怀激励就是企业管理者对培训师给予无微不至的关怀，积极帮助他们解决他们在生活中可能遇到的各种问题，满足他们的各种需求，展现企业的人文情怀。

在关怀激励的感召下，培训师能深切感受到企业的体贴和温暖，体会到企业对自己的信任和重视，进而激发出旺盛的工作热情，将个人荣辱与企业命运紧密联系在一起，以企业为家，全身心地投入工作中去。关怀激励是最高层次的激励手段，它能极大地提升培训师的忠诚度，使他们能自觉地、最大限度地为企业的发展贡献自己的力量。

企业管理者在选择关怀激励的具体措施时，要因人而异，根据被激励者的实际情况，灵活选择激励手段。小到对辛勤工作的培训师予以慰问，积极解决他们在工作上遇到的难题，为他们完成目标扫清障碍；大到帮助他们解决住房问题、子女上学就业问题、抚养老人问题等。尤其对那些在企业中工作多年、付出很多、长期出差的培训师，这种关怀激励能切实解决他们的问题，能起到更好的激励效果。

综上所述，企业管理者可以灵活运用以上四个激励因素，从各个层面对培训师进行激励，改善他们的带教意愿，促使他们以更好的精神面貌投身培训，帮助企业有效开展管理工作。

3.8　如何选择培训时机

培训时机是培训师开展培训的切入点和时间段。培训时机的选择看似简单，实则考验着企业管理工作的精确度和掌控力。如果培训时机选择不当，不仅会使培训效果大打折扣，无法提升销售员的技能，还可能使销售员产生抵触情绪，引发不良后果。

因此，培训师作为企业管理体系中的重要一环，就应该对销售员的具体工作情况、他们对销售技能的掌握程度，以及他们在销售中经常遇到的问题有较为深入的了解，根据他们的实际情况，有针对性地设计培训内容，再根据培训内容的特点，来选择培训时机，保证培训是销售员确实需要的，能切实提升他们的业绩，解决他们的工作难题。

此外，在选择培训时机时，培训师也要着重考虑培训时间的安排，要在工作时间和业余时间上有所取舍。显然，在业余时间培训会导致销售员的不满，而在工作时间培训又不是企业管理者愿意看到的。因此，为了解决这一矛盾，培训师要从实际工作需要的角度出发，根据培训内容重要性和紧迫性来决定培训时间。

对于那些紧迫而又重要的培训，培训师就应安排在工作时间进行，比如新产品性能特点介绍培训、常见销售技巧培训等。这类培训项目的含金量高，参与性相对也比较强，需要销售员和培训师严肃对待。

对于不那么紧迫或重要性在今后一段时间才显现出来的培训，培训师就可以安排在业余时间进行，比如企业文化理念培训等。针对这类培训，培训师就要与销售员进行协商，根据他们的要求和企业管理者的意见，来决定培训是否算作加班，还要对培训时间的长度、培训场地、参加人员进行反复讨论审核，与各方达成一致后，再最终落实。

对于那些针对性较强的培训，培训师要将培训穿插到工作中进行。比如，某项具体销售技巧的培训。这类培训需要培训师现场示范，使销售员在实践中有所领悟和掌握，所以培训师必须将其安排在工作中，而在其他时间培训反而达不到其应有的效果。

举个例子，我曾参加过 A 企业和 B 企业的销售培训工作。这两家企业都为了提升销售员的能力，对他们进行了产品知识和销售技巧方面的培训，其培训内容和课程安排以及培训师的教学水平基本上都是一样的，但他们的区别在于，A 企业选择了在业余时间为销售员进行培训，B 企业则选择了在上班时间进行培训。

其实，在培训前，A 企业的效益是要比 B 企业好一些的，然而在培训后，A 企业依旧不温不火，效益没有太多增长，B 企业却发展势头迅猛，效益甚至超过了 A 企业。由此我们可以看出，A 企业与 B 企业在培训时间选择上的差别，最终导致了培训效果大相径庭。显然，在业余时间进行培训会使销售员产生抵触情绪，不利于他们对销售知识技巧的理解和吸收；而如果利用上班时间培训，销售员可以更专注地进行学习，也可以更好地将所学到的知识应用到工作中，其培训的效果自然就会更好。

从这个案例我们可以看出，培训师掌握好合适的培训时机，可以为培训工作创造一个好的开端，有效促进培训效果的提升，进而通过培训工作的开展，使企业的管理水平迈上一个新的台阶。

3.9　如何进行销售培训时机的确认

培训师在确定好培训时间后，就要向企业管理者和参加培训的销售员进行确认，只有获得他们的认可，才能开展培训工作。这一步骤是非常重要的，因为一个好的开始是成功的一半，培训师要慎之又慎，征集各方的想法，做好协调工作，才能使自己的培训工作更加完美，得到各方的赞赏。

因此，培训师在制订培训计划的时候，要先定下相对宽泛的时间段，对具体的培训时间节点，则要与相关各方提前沟通协商，大家意见达成一致后，才能最终确定。比如销售培训师初步确定要在下周安排一场培训，那么，他在本周就要与企业管理层和参加培训的销售员进行沟通协调，征询大家的意见，根据大家的工作安排，确定具体的培训时间，再通过人力资源部门发出培训通知和公告，最终定档。

首先，销售培训师要与企业管理者做好沟通，以获得他的支持。由于企业领导在企业中有很高的权威，所以通过领导向销售员下达培训安排通知，会比培训师自己发布通知更为有效，更能引起销售员的重视和配合。

我在为企业做培训的过程中也曾经遇到过这方面的案例。有一家企业的销售培训师在培训前自作主张，在没有向领导请示的情况下，自己确定了培训时间，并向销售员发布了通知。如此草率的决定自然遭到了许多人的反对，企业领导也对培训师大为不满，责怪他没有事先向自己汇报就单方面地做了决定，影响了自己正常的工作计划。最终，在领导的主导下，培训师不得不对培训时间进行了调整，这样一来，耽误了时间不说，还影响了领导对培训师的信任，也降低了培训师在销售员中的威信。

其次，销售培训师还要与销售员做好协调，以尽量缓解他们的抵触情绪，提升培训的效果。培训师要根据销售员的具体工作情况来确定培训时间，避免与销售员的工作发生冲突。

通常来说，培训师最好将培训安排在下午下班前，将培训时长定为半个小时到一个小时。因为此时销售员一天的工作已接近尾声，培训不仅不会对他们的工作造成太大的影响，还可以让他们在忙碌了一天后，有时间转换思路，放松心情，缓解疲劳。这样做也更易得到销售员认可和拥护。

培训是管理的一部分，是要与人打交道的，所以培训师就要掌握好与人沟通协调的技巧，做好沟通时机的确认，细致周到地考虑各方面的问题，发挥润滑剂的作用，尽量避免摩擦，使培训工作能顺利有效地开展下去，也使企业的管理工作更为顺畅有序。

3.10　如何在培训中鼓舞销售员的士气

鼓舞销售员士气，使他们以更好的状态投入工作是企业管理的重要工作任务之一。销售培训师作为企业管理体系的基层管理者、长期与销售员接触的导师，有责任也有义务将鼓舞士气这份工作做好。那么，培训师要如何在培训中鼓舞销售员的士气呢？

首先，培训师要了解销售员士气低落的原因。企业情况不同，工作情况不同，销售员士气低落的原因自然也不尽相同，所以培训师要根据具体情况对症下药。

总体来说，常见的销售员士气低落原因主要有两个方面：一是销售员在工作中遇到了无法解决的难题；二是企业的管理体系存在漏洞，缺乏人性化等，比如，奖惩制度落实不彻底、绩效考核流于形式、晋升机制不够透明等。

对于第一个方面，培训师要从销售员的工作入手，积极引导他们克服困难，解决难题；对于第二个方面，培训师要将团队情况向企业管理层反映，提出自己的意见，积极敦促企业完善管理体系。具体来说，在鼓舞士气时，培训师可以从以下 3 个方面着手，如图 3-5 所示。

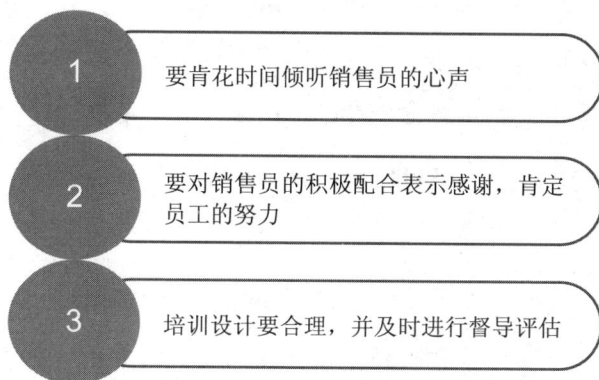

1　要肯花时间倾听销售员的心声

2　要对销售员的积极配合表示感谢，肯定员工的努力

3　培训设计要合理，并及时进行督导评估

图 3-5　提升员工士气的具体方法

59

1. 要肯花时间倾听销售员的心声

销售员的工作通常是非常有难度和挑战性的，他们遇到困难和问题在所难免。培训师要做的就是要肯花时间倾听销售员的心声，做一个耐心、热心的倾听者，为他们做心理按摩，给予他们安慰和关怀。这样做不仅可以帮助销售员改进工作，克服困难，更重要的是，还能让销售员感受到企业的温暖，解开心结，保持积极向上的工作态度。

2. 要对销售员的积极配合表示感谢，肯定销售员的努力

鼓舞士气的主要方式就是鼓励和赞美。因此，培训师要善于对销售员的积极参与表示感谢，肯定销售员在培训中所做出的努力，公开对他们进行表扬，为其他销售员树立榜样。

培训师表扬销售员要以公开的方式进行，通过对优秀销售员的表扬提升团队士气，并鼓励其他销售员以其为榜样，发挥自己最大的能力，积极进取，取得业绩上的提升。

3. 培训设计要合理，并及时进行督导评估

将培训设计得更为合理，可以减轻销售员在培训中的负担，使他们更容易掌握各项培训技巧，间接激发他们的工作热情。对销售员及时进行督导评估，并把评估结果与销售员在企业内的晋升、奖惩相挂钩，可以督促销售员努力改进工作，并通过实实在在的奖励，达到鼓舞士气、提升干劲的作用。

做好鼓舞士气的工作，要求培训师一要改善管理制度，为销售员营造良好的工作环境，通过制度引导，促使他们端正态度；二要通过鼓励、赞美，使他们产生旺盛的工作热情，为不辜负领导的信任而奋发工作。

3.11　如何帮助销售员提升业绩

帮助销售员提升业绩是培训师最基本的工作职责，也是每个企业在管理中应解决的重点难题。那么，培训师要如何通过培训来帮助销售员提升业绩呢？他要做到以下 3 个方面，如图 3-6 所示。

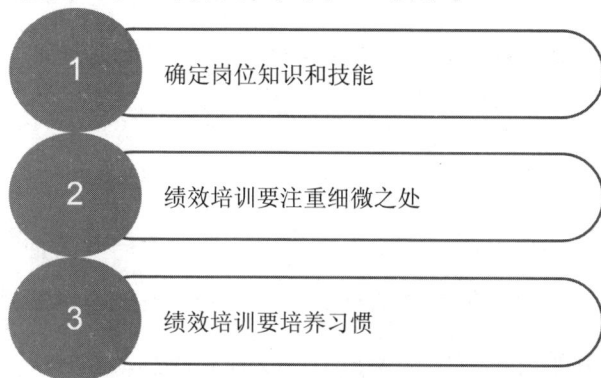

图 3-6　销售员业绩不达标时培训师的培训重点

1.　确定岗位知识和技能

销售培训师虽然只是为销售员组织销售方面的培训，但由于所售产品不同，销售员的具体工作职责不同，销售知识和技巧也会相应地发生改变。如果无论对任何岗位上的销售员，培训师都传授相同的销售知识，显然是不明智的，也无法取得良好的培训效果。所以，培训师只有对参加培训销售员的岗位职责、工作流程和相关产品知识有深入的了解，确定好这个岗位上的销售员所需要的知识和技能，开展有针对性的培训，才能促成培训效果的提升。

要做到这一点，培训师就要具备丰富的销售经验和敏锐的洞察力，如果只是从销售员那里了解了相关岗位的工作情况，往往会由于销售员自身的水平和偏见，致使培训内容设定发生偏差，影响培训效果。

2. 绩效培训要注重细微之处

在某种意义上，绩效培训是一种意识培训的过程。在这个过程中，培训师只有把细节做好，才能把培训工作做得更加出色，换句话说就是"细节成就培训之美"。世界上没有完美的培训，但有努力追求完美的人。追求完美，就是追求对细节的不断校正。为什么有的培训让销售员受益匪浅，而有的培训却为人诟病？究其原因，就是培训师在培训的很多细节上没有做好。

有些销售行为上的细枝末节由于不起眼，很多人都不以为意，甚至认为它是不应该出现在工作中的，但实际上，这些毛病会从细节处向顾客反映出"企业不够正规"等负面信息。比如，销售员在与顾客接洽时过于随意、说话含糊其辞、不自觉地做出一些不礼貌的小动作等，这些细节都会给销售员的业绩造成负面影响。所以在培训时，培训师不仅要注意向销售员讲授常见的销售技巧，还要多多留心细节。

3. 绩效培训要培养习惯

首先，培训师应培养销售员"活到老学到老"的意识，帮助他们养成随时而学、随处而学的习惯。正如常言所说，留心处处受教益。一个人只要有心，在哪里都能学到东西。而销售员来说，他们每天接触的顾客各种各样，需要应对各种各样的突发情况，因此，养成在工作中留心观察、不断学习的习惯就显得更为重要。

培训师要积极引导销售员在日常生活和工作中做个有心人，随时随处学习。为此，培训师就要把这种细节化的学习技巧融入绩效培训当中，使培训显得更加立体和生动。

其次，培训师还要培养他们养成思考的习惯，特别是随事而思的习惯。销售员在工作中会遇到许多需要通过思考才能解决的问题，而独立思考、解决问题的能力是需要通过不断地培养才能得到的，这就要求员工养成勤于思考、随事而思的习惯。

在培训初期，培训师可以通过引导思考的方式为销售员打开独立思考的大门，逐渐培养他们勤于思考的习惯。

最后，培训师还要培养销售员随手而修的习惯。所谓随手而修，就是销售员在意识到自己又犯了某个错误后立刻修正，而不是等到问题变大、难以遏制时再仓促应付的行为模式。在改正错误上，许多人都认为在一段时间内集中精力攻克才是最好的方法，但实际上这种方法需要很强的意志力，而且也可能会给自己的工作和企业的效益造成难以挽回的后果。如果采用随手而修的方法，销售员只要意识到自己的行为是应该改正的就立刻改正，防微杜渐，在潜移默化中就能自觉改正自己的缺点，避免出错。

销售员绩效不达标的原因有很多种，有针对性地展开培训是销售培训师提高销售员业绩的主要途径。所谓生于忧患死于安乐，良好的业绩靠的是销售员的努力付出，当然，这其中也有着培训师的辛勤汗水。

在本章中，我所讲到的几个问题既是销售培训师做好培训工作时首要解决的难题，也是企业管理体系所要求的，需要培训师重点关注的问题。由此可见，企业做好销售培训工作，就是在完善销售管理体系。培训工作作为企业管理的基础，需要每一个培训师的辛勤付出，培训师只有为企业打造出一个卓越的销售培训系统，才能造就卓越的销售管理体系。

第4章　五大服务标准带来方向感

俗话说："没有规矩不成方圆"。我在为各个企业做培训时，都会向我的学员强调建立服务标准的重要性。企业一定要有统一的服务标准，只有这样，才能在发展的过程中不迷失方向。

一般来说，企业需要具备五大服务标准：企业服务理念和价值观标准、员工能力和素养标准、企业整体服务形象标准、企业顾客服务流程标准、顾客服务行为标准。这五大服务标准是企业做好管理的关键因素，可以说没有这五大服务标准，企业就会失去发展方向。

4.1　为什么标准化深入人心

拿破仑最引以为傲的不是他的赫赫战功，而是他主导制订的《法国民法典》；秦始皇的伟大成就也不在于修筑了万里长城，而是统一了中国的度量衡。历史上所有的伟大举措都和标准的制订有关。标准化为人类文明的发展提供了重要的技术保障。

那么，标准化到底是什么呢？

标准化就是一个组织机构为在一定的范围内获得最佳秩序，对实际的或潜在的问题制订共同的和可重复使用的规则。企业标准化就是企业以获得最佳生产经营秩序和经济效益为目标，针对企业生产经营活动范围内的重复性事物和概念，制订和实施企业标准，以及贯彻实施国家、行业、地方等相关标准的过程。

当今世界，标准化水平已成为体现各国、各地区、各个企业核心竞争力的基本要素。因此，一个企业要想在激烈的竞争中立于不败之地，就必须深刻认识标准的重要作用。

销售培训师在企业中担负着为销售员制订工作标准的重任，就应该殚精竭虑，考虑周全，尽自己所能把这项工作做好。

表 4-1 是某培训师制订的某服装企业店铺开业 5 天的服务工作标准，我在这里列出来，为大家提供一些参考。

表 4-1　某服装企业店铺开业 5 天服务工作标准

序　号	工作项目	主　要　内　容
第一天	现场装修状况了解	1. 装修进度现况
		2. 装修疑难解析，与总部相关技术人员咨询沟通
		3. 物料到位情况跟踪
第二天	员工培训	1. 企业文化宣传（公司简介、企业文化、品牌诠释、公司信息发布渠道与沟通渠道）
		2. 导购基本要求（形象、行为规范、规章制度、服务意识、服务八部曲）
		3. 商品知识（各系列风格详细阐述，包括风格、设计主题、色彩、面料、工艺、价格、保养、条码知识等）
		4. 店铺管理（营业流程、各职级工作职责、店铺日志）

续表

序　号	工 作 项 目	主 要 内 容
第二天	员工培训	5. 陈列技术（品牌陈列规范、当季陈列概念与陈列实操、货架及道具运用）
		6. 店长培训（店长职责、店铺设备使用、店铺财务知识、店铺管理报表、店铺形象维护、店铺员工管理、VIP 管理等）
第三天	开业前卖场布置	家具布置、卖场陈列、仓库整理（现场带动教带员工）
	开业前事宜检查	卖场状况：墙壁、地板、货架、道具、灯光、音响、海报、POP、空气
		商品状况：卖场商品陈列细节检查、库存检查
		人员状况：人员士气、仪容仪表、对店铺环境的熟悉（店铺设施与商品）
		其他：推广资料的准备、店铺文具的准备、收银设备、银头、VIP 卡等
第四天	现场销售支援人员	1. 营业流程的规范与疏导（营业前、营业中、营业后）
		2. 导购服务的规范与引导（服务八步曲、服务沟通技巧等）
		3. 店铺管理的规范与引导 - 店长的帮带（店铺日志的填写与运用；POS 机运用；收银流程；补货、退货、返修等商品流转流程）
第五天	初步销售分析	1. 根据开业期间的销售表现，分析商品配置（铺货是否合理），人员状况，卖场因素等各方面的原因，提出改善建议和工作要求
	总结与跟进	1. 与顾客及员工总结近段时间的工作，重申改进建议和工作要求，并跟进相关事宜。完成《店支援工作报告》，一份给客人，一份自留
		2. 与经理或店长到当地的竞争品牌巡场并进行分析
		3. 了解顾客的经营费用(租金、员工工资、杂费的分配)并对顾客的经营费用进行综合分析

从表格中，我们可以看出，该企业的培训师为店铺的开业做了充分的准备，为开业的每一个环节都制订了特别详细的标准。只要店铺内的销售员根据这些服务标准做好日常的工作，就能够为顾客带来标准化的服务，给顾客留下深刻印象，给店铺带来好评。这就是标准化服务的优势所在。

下面，我以红星美凯龙为例，来具体讲讲标准化对企业的重大意义。

红星美凯龙是国内著名的大型连锁家居卖场。这些年来，随着企业的迅速扩张，企业规模的急剧扩大，企业管理上的诸多问题也随之涌现，管理上的混乱势必会带来企业服务质量的下降、销售业绩的下滑。因此，红星美凯龙的高层审时度势，果断采取了新的举措，为企业员工制订了统一的工作标准。

那么，对于这样的工作标准，红星美凯龙的培训师是如何制订的呢？培训师以为顾客提供一流的服务为目标，在制订标准上做了以下三个方面的尝试。

1. 员工上班时间

红星美凯龙将全国各个地区商场的营业员上班时间延长至 21:00(调整之前的营业时间是 10:00~18:00)，这样一来，就使那些没时间购买家具的上班族，有了足够的时间到卖场购买家具，提升了企业的服务水平。

2. 商场空间

红星美凯龙对各大卖场都做了相应的改造，增设了很多针对上班族的消费场景。其利用对顾客数据的收集和分析，绘制了顾客的画像，了解上班族的群体特征，并以此为依据在商场中搭建出相应的服务场景，提升了顾客的购物体验。

3. 线上线下统一

红星美凯龙在线上成立了官方旗舰店，将其和线下实体店相融合，通过采取统一的服务标准，实现品牌和经销商的双赢。

红星美凯龙将其所有卖场都按照这三个标准进行了改革，采用标准化运行模式管理卖场，使企业的所有员工都必修依照标准来开展工作，并以员工对标准的执行力度来作为绩效考核的依据，这为红星美凯龙的发展提供了极大的助力。

红星美凯龙家居集团总裁王伟曾在采访中公开表示了对标准化服务体系的重视："在家居行业，整个的市场竞争不是单一商场的竞争而是整个体系的竞争，其中，标准化的服务体系是未来家居行业发展的主流，这样的服务体系给品牌厂商、经销商带来了规模优势、数据优势和效率优势等各种好处。谁拥有标准化的服务体系谁就拥有市场。"

从红星美凯龙的案例中，我们能够清楚地看到标准化给企业发展带来的优势。标准化有助于企业负责人高效管理每一个员工，也有助于帮助员工找到目标方向，使企业的员工能按照企业的要求发挥各自的作用，有条不紊地开展工作，最终促进企业实现稳步有序的发展。

4.2　企业服务理念和价值观标准化

企业价值观指的是企业及其员工的价值取向，是指企业在追求经营成功过程中所推崇的基本信念和奉行的目标。企业价值观是企业全体或多数员工一致赞同的关于企业意义的终极判断。简而言之，企业的价值观就是企业决策者对企业性质、目标、经营方式的取向所做出的选择，也是员工所接受的共同观念。

企业的服务理念是指员工在为顾客提供服务时所秉持的理念态度。和企业的价值观一样，服务理念也体现了企业的精神面貌，也是企业宝贵的精神财富。

由此我们能看出，企业服务理念和价值观其实就是一个企业的"性格"，所谓性格决定命运，服务理念和价值观对企业的一切经营活动都具有指导作用，是企业一切举措的出发点和基础。所以，企业只有做到服务理念和价值观的标准化，才能获得长足的发展。

知名服装品牌步森在发展的过程中，通过实现企业服务理念和价值观的标准化，为品牌的整合和发展提供了助力。步森的服务理念是"以合理的价位向大众提供高品质的服饰产品和服务，美化人们的生活，让顾客满意，让合作者赢利"，其核心价值观是"忠于企业，积极求胜，真诚服务，团队协作"。

步森在服务理念和价值观上形成了统一的标准。一方面，企业要通过重新整合企业文化和品牌形象，用现代化的方法和系统培养员工，打造一支迎合国际经济潮流的高素质学习型队伍，激励员工不断开拓创新、奋发向上。另一方面，步森又提出了新的奋斗目标和发展战略：全面启动信息化、国际化、多元化、个性化的"四化工程"，不断开辟新的营销渠道，并积极参与全球经济竞争，力争成为中国最大最强的服装企业，跻身于世界著名品牌行列。

有了这样的发展理念和目标，步森的培训师在培训过程中，就有了依据和侧重点，使自己的培训工作以灌输传播企业理念为目标，进而使员工能统一思想，在行动上紧跟企业的步伐，为企业的发展积极献计献策，主动贡献自己的力量。

此外，企业培训师在制订服务理念和价值观，并使之标准化时，要做到两点：第一，一定要注意不能只用那些非常正确但实际上非常空洞的词语；第二，一定要结合企业的品牌特点和目标群体定位，要制订出一个平实但却有极强感染力和号召力，能够激励员工不断努力奋斗的标语，最终使企业的理念和价值观能落实到每一个员工的具体行动中。

4.3　企业销售员能力和素养标准化

一个企业能否长久发展，关键在于其是否持续拥有高素质人才。我们都知道，人才是企业最重要的资本，是企业发展的动力源泉。而销售员作为企业的"门面"，直接决定着企业的效益和口碑，因此，他们的能力和素质的提高是每个企业的基本要求。而这也是一个销售培训师的主要工作：为每一个销售员制订一份能力和素养的标准，并按照标准对销售员进行培训。

那么，培训师该如何为销售员制订能力和素养标准呢？

一般来说，培训师在制订销售员能力和素质标准时，可以从以下几个维度展开：人际交往能力、语言表达和沟通能力、领导能力、执行力、判断和决策能力、知识能力和个人素质和修养等，而且还要根据销售员在企业中所扮演的角色、具体的工作内容，来具体设定每个维度的标准。

对于不同的企业，销售员的能力素养标准设定是不同的，同一个企业不同团队销售员的标准也不尽相同。

某城市有一家大型连锁销售企业，它在该市中有多家店铺，其中，A 店铺和 B 店铺的销售员标准就存在着很大的差别。

A 店铺位于市中心，毗邻大型商业 CBD，它所面对的顾客大多是在 CBD 中工作的、有较高文化素质的高级白领，这些白领看重的是品位和修养，而销售员的高素质必然能给他们留下好印象，促进交易的达成。

B 店铺靠近生活区，它所接待的顾客多是时间宽裕的退休老年人，他们有充分的时间来综合考察商品的性价比，并讨价还价，而销售员若产品知识丰富，能为他们进行深入的讲解和服务，必然会受到他们的欢迎。

因此，该企业培训师就为 A 店铺和 B 店铺分别制订了不同的标准。

针对 A 店铺来说，既然顾客更喜欢高修养的销售员，那么个人素质更高的销售员就更加符合该店铺的要求，所以培训师为 A 店铺销售员制订标准时，加大了个人修养维度在标准中的比重。

而对于 B 店铺来说，其顾客更加理智，更希望买到有用的东西。如果销售员能够在产品知识上表现出突出的水平，就能够给顾客留下"靠谱""真实"等好印象，顾客对产品的印象分也会增加。所以培训师在给 B 店铺的销售员制订标准时，加大了"知识能力"因素的比重。

不仅是 A 店铺和 B 店铺，该企业的培训师根据每个店铺的实际情况，都建立了一份具有针对性的"优秀销售员能力和素养标准"。由于标准针对性强，培训师迅速挑选出了每个店铺最需要的人才，并将他们安排到了最适合的岗位上，使店铺的业绩有了明显提高。

从这个案例中，我们可以看出，标准从来都不是一成不变的，教条僵化、不切实际的标准只会阻碍企业的发展进步。因此，培训师要因势利导，根据企业的发展状况、市场情况、销售员的具体工作流程来制订符合实际情况的标准，使标准更具体、更细化、更具有指导作用。

在制订标准后，培训师还要不断跟进标准的实施情况，根据销售员的反馈，做充分的调查研究，对标准进行调整。要知道实践才是检验真理的唯一标准，要使自己的标准与时俱进，能跟上企业的发展脚步，体现贯彻企业的战略目标，推动企业的发展。

在当今时代，销售员素质水平已经成为影响企业做强做大的"瓶颈"。虽然那些能力素质兼备的高端销售人才不好招到，但企业可以通过销售员能力和素养的标准化来为自己打造适合自己的、有一技之长的人才，从整体上提升销售团队的素质，来帮助企业在竞争中取胜，实现长远的发展。

4.4 企业整体服务形象标准化

企业服务形象指的是销售员在进行产品销售过程中，所表现出来的服务态度、服务方式、服务质量、服务水准，以及由此引起的社会公众对企业的评价。从某种角度上讲，由于企业的整体服务形象是企业直接展现给顾客的形象，它在很大程度上代表了企业的形象。

因此，企业要塑造良好的形象，提升自己的口碑，就必须使自己的整体服务形象标准化。

培训师在打造服务形象标准化前，就要先了解一下服务形象的特征。企业服务形象特征主要有以下 3 个方面，如图 4-1 所示。

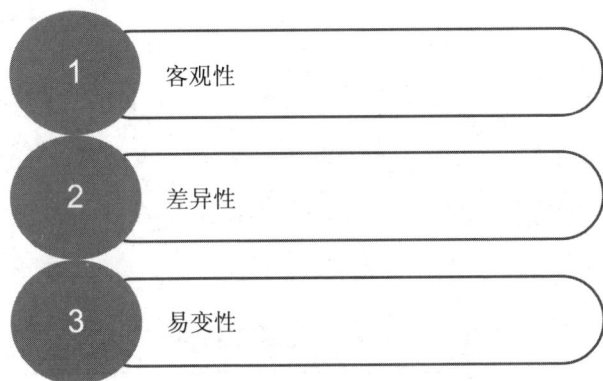

图 4-1　企业服务形象的特征

1. 客观性

服务形象是公众给出的客观评价，不是单纯的主观印象，而是服务态度、内容、方式、手段等在顾客头脑中的反映。不管形象是优是劣，都是客观存在的东西，不以任何人的意志为转移。

2. 差异性

服务是以"人"为中心的，即便服务人员为顾客们提供的是同一种服务，但由于所服务的顾客存在个性差异，不同的顾客对服务的评价也会不一致，甚至可能会做出截然相反的评价。

3. 易变性

易变性包含三方面内容。一是服务质量的优劣完全取决于服务人员素质的高低，我们很难用统一的标准进行衡量；二是服务形象本身会随着社会的变化而变化，具有时代特性；三是公众对服务的要求及评价标准也在不断地发展变化。因此，服务形象的演变是一个美与丑相互转化的动态过程。

了解了服务形象特点，企业培训师就应该根据这些特点来制订服务形象标准。总的来说，培训师应该根据目标消费群体的特点，以满足绝大多数顾客的需求为出发点，来为企业制订整体服务标准，以使企业提供的服务契合顾客的需要。

下面，我以京东物流为例，来具体讲讲企业服务形象标准化的优势。京东物流配送人员的五星级配送服务标准见表 4-2。

表 4-2　京东员工五星级服务标准

微笑及文明用语服务	闪亮登场
清洁包裹	呵护孩子
纸箱回收	佩戴鞋套
帮带垃圾	郊县代购
拍照通知	安心达服务

其中一些新词语的具体解释是：

闪亮登场：京东要求每位配送员每周清洗工服、经常洗澡、每月至少理一次发，保证将最清新的面貌、最良好的形象展现给顾客。

呵护孩子：针对家中有婴儿的顾客，京东配送员要提前电话联系了解情况，在送货时轻声敲门，避免惊扰孩子。

郊县代购：针对那些处于偏远山区，购物不便的顾客，京东配送员可以为他们代购一些蔬菜等生活用品。

佩戴鞋套：京东配送员在细节上也为顾客提供五星服务，进入顾客家中时，京东配送员要求统一佩戴鞋套，保证顾客居住环境地面整洁。

安心达服务：京东配送员为那些购买了高值商品的用户提供新能源车配送、定制工服等一系列定制服务。

这五项服务标准是京东物流部门通过不断收集、总结顾客的需求和反馈制订的。为了推动配送一线员工对服务标准的理解和运用，京东利用全方位的培训体系、基层站点的日常训导沟通和参照顾客评价反馈的奖惩制度不断提升配送员的服务意识和服务能力，全面提升企业整体服务形象。

"五星级配送服务"标准是京东在不断加强各项基础设施建设后，主动提升自身服务形象的开始，是京东不断自我提升、创新服务意识的重要举措。由于其提出的服务标准在更深层次上满足了顾客的需求，帮助顾客解决各种实际困难，因而帮助京东树立了良好的企业形象，收获了顾客广泛的好评。

从京东的案例中，我们了解了制订迎合顾客需求的企业服务标准对于企业发展的重要意义。那么，我们在制订企业服务标准时，该从哪些方面入手呢？

1. 了解顾客需求

顾客需要的服务就是最好的服务。所以培训师在为销售员制订服务标准时要深入了解顾客需求，有针对性地制订标准。

2. 重视企业服务特色的打造

在满足顾客需求的前提下，培训师还要在服务标准中加入一些企业特色，以使企业的服务特色鲜明，给顾客留下深刻的印象。比如海底捞就是凭借其服务人员独有的热情周到的服务，成功为自己的品牌打上了优质标签，成为企业的特色。

正如个人良好的形象会给其在日常生活中的各个方面带来方便，良好的企业形象必然会为企业的发展带来促进作用。为此，培训师要为企业制订服务标准，使标准不断细化，注重每一个服务细节，使销售员能展现出统一的服务作风和素养，使企业的整体服务形象得到提升，赢得顾客的信赖和好评。

4.5 企业销售员服务流程标准化

在交易过程中，销售员作为企业的服务代表，是要与顾客直接接触的，因此其在服务过程中的所有行为都是能直接影响顾客购买决定的重要因素。销售员在工作过程中该做哪些事，不该做哪些事，应该先做哪些，后做哪些，这些都是该有具体的规范的。

然而在培训中我发现，很多企业对服务流程的管理十分混乱，没有明确的规定。因此我在这里单独提出这个问题，建议大家建立一个清晰的销售员服务流程标准，为销售员的服务工作提供方向指引。

我在为七匹狼企业做培训时，对七匹狼的管理模式等有过具体的了解。

首先，七匹狼店铺销售团队的员工职责分布十分明确，如图 4-2 所示。

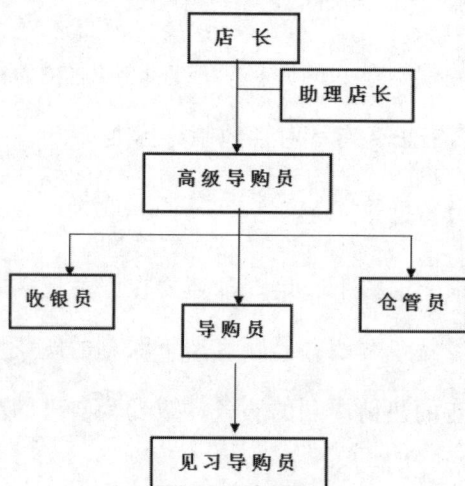

图 4-2 七匹狼男装店铺员工构成

从图 4-2 中，我们能看出，七匹狼店铺员工的岗位从上到下依次为店长、助理店长、高级导购员、导购员（收银员、仓管员）、见习导购员。整体的岗位划分比较明确，这样划分的好处就是岗位职责明确，也更加方便管理。

有了这样明确的职责划分，七匹狼便可以在此基础上，对销售团队内每个岗位上的员工制订具体详尽的工作标准，导购员具体的服务流程如图 4-3 所示。

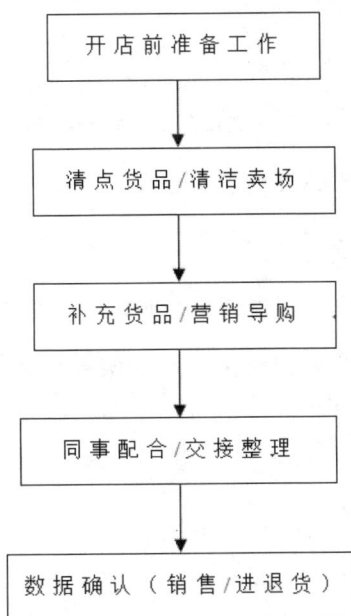

```
┌─────────────────────┐
│   开店前准备工作     │
└─────────────────────┘
           │
           ▼
┌─────────────────────┐
│  清点货品/清洁卖场   │
└─────────────────────┘
           │
           ▼
┌─────────────────────┐
│  补充货品/营销导购   │
└─────────────────────┘
           │
           ▼
┌─────────────────────┐
│  同事配合/交接整理   │
└─────────────────────┘
           │
           ▼
┌─────────────────────┐
│ 数据确认（销售/进退货）│
└─────────────────────┘
```

图 4-3　七匹狼店铺导购员服务流程

从图 4-3 中，我们可以看出，导购员日常的服务流程包括：在开店前导购员应做好准备工作；清点店里的货物数量，清洁卖场；补充货品，并进行销售导购；与同事配合，做好交接整理工作；对销售和进退货的数据进行确认。

按照服务流程标准展开工作，七匹狼的店员有了具体且明确的工作职责划分，真正做到了各行其是，各尽其责，分工明确，将店内的工作打理得井井有条。

培训师在制订服务流程标准时，要深入研究每一个销售岗位的具体工作细节，要做到事无巨细皆有标准，如此才能更好地规范销售员的行为，提升企业的服务质量，更加便于企业的管理。

4.6　企业销售员服务行为标准化

销售员对顾客的服务行为就是销售员在接待顾客时，所展现出来的谈吐举止、精神风貌。它一方面体现了销售员的自身素质和修养，另一方面也体现了企业的服务水平和服务理念，是影响服务效果的重要因素。因此，如何制订销售员服务行为标准也是企业在管理中应该考虑的问题。

企业培训师在为销售员制订服务行为标准时，要以顾客为中心，使每个销售员都做到言谈举止文明得体，精神饱满专注热情。

下面是我为某服装企业销售员制订的服务行为标准，希望能为大家提供一些借鉴。

1. 仪容仪表

企业对仪容仪表的要求就是其对销售员个人或群体外在形象方面的要求，它可以具体分为服装、发型、化妆、配件等几个方面。

有人认为仪容仪表纯属销售员个人的事情，企业不应干涉。但实际上，由于销售员在上班期间的仪容仪表代表了企业的管理力度、企业对顾客的重视程度、企业的形象等，因此，企业把对销售员仪容仪表的要求列入行为规范是有充分的理由的。

2. 岗位纪律

我们在这里所讲的岗位纪律一般是销售员在工作中必须遵守的一些共性要求，其目的是保证销售工作的正常进行。岗位纪律一般包括以下内容：

（1）作息制度

即上、下班的时间规定。销售员不得迟到、早退和中途消极怠工，这是企业最基本的纪律要求。有些销售员作风涣散，往往是由于企业没有严格的作息制度，或不能严格执行作息制度造成的。

（2）请销假制度

请销假制度是企业根据国家规定，对病假、事假、旷工等进行区分，并就请假、销假做出规定，以及对法定节假日的说明。这是企业严肃组织纪律、杜绝销售员散漫作风的一项重要手段。

（3）保密制度

每个企业都有属于自己的技术、工艺、商业、人事、财务等方面的企业机密，保守这些企业机密是企业的一项重要纪律，绝大多数企业都对此有严格的规定。

（4）工作状态要求

工作状态要求是企业对销售员在岗位工作中的规定。在规定中，企业除用肯定的表达方式如"工作认真""以良好精神状态投入工作"等之外，一般还可以用"不准""严禁"等词语进行警告，以起到督促作用，如"不准聊天""不准看与工作无关的书报杂志""不准用计算机玩游戏""不准打私人电话"，等等。

（5）特殊纪律

特殊纪律是企业根据特殊情况制订的有关纪律。例如，某家企业率先在销售员行为规范里写入"工作日中午严禁喝酒"的规定。严格合理的工作纪律是企业在严酷的市场竞争中不断取胜、发展壮大的根本保证。

3. 待人接物

由于现代企业受外部环境的影响越来越大，企业对外交往活动的频率、形式和内容也大幅增加，对销售员待人接物方面的规范性要求也变得日益重要起来。待人接物规范涉及的内容比较复杂，主要包括礼貌用语、基本礼节、电话礼仪、接待客人等方面。

（1）基本礼节

待人接物的基本礼节包括坐、立、行的姿态及表情、手势、握手、秩序等。于细微处见精神，销售员在这些细节方面做得是否足够得体，将在很大程度上影响外界对企业的看法。

（2）礼貌用语

销售员要做到举止文明，首先就要做到语言文明。语言美是企业对销售员待人接物最起码的要求。在一个文明的企业里，"您""请""谢谢""对不起""没关系"等应该成为销售员最习惯的用语，而脏话、粗话应该是被禁止使用的。在一些正式场合，比如在与一些重要顾客洽谈时，连口头禅、俗语等都是被禁用的。

（3）电话礼仪

电话是现代企业与外部交往的一个重要渠道和形象展示的窗口，电话礼仪应成为检验销售员待人接物的一个重要方面。

（4）接待客人

在这里，客人包括顾客、关系单位人员、一般来访者等。尽管他们的来意不同、对企业的重要性不同，但接待的要求却应该是一致的，销售员都应表现出热情、礼貌的一面。

销售员服务行为标准涉及销售员在工作中的方方面面，它着重在销售员的工作态度、行为举止上做出了明确的要求，强化了企业的组织性和纪律性，有力地杜绝了自由散漫现象的出现，使企业的管理运营步入正轨。

第5章 有了目标才有工作

目标管理是当前企业所采取的最为普遍的绩效管理方式，是未来企业管理的发展趋势。

目标管理的目的是企业培训师通过目标的激励来调动广大销售员的积极性，促使他们为实现目标而努力工作。

目标管理的核心是企业明确成果评定标准和重视成果评定过程，其特征在于把目标作为各项管理活动的指南，并以实现目标成果的程度作为评定员工贡献的标准。

5.1 先有工作再有目标为什么不再有效

在传统的观点看来，正常的工作流程应该是，培训师先为销售员制订工作任务，然后再根据工作任务制订相应的目标，这也是大多数企业的固定管理模式。

然而，在当今的市场环境下，这种思维模式已不再适用，以目标为导向，即"先有目标再有工作"的思维模式开始成为主流。

为什么先有工作再有目标的思维模式不再有效？

在解答这个问题之前，我先给大家讲一个故事。这个故事的主人公因为看不到目标而放弃了近在咫尺的成功。

费罗伦丝·查德威克是一名游泳健将，是世界上第一个横渡英吉利海峡的女性。在一天清晨，她开始了一个新的挑战，从卡塔琳娜岛入水，横渡海峡，游往加州海岸。可在经过了15个小时的坚持后，她选择了放弃，而此时她离目标地点只有半英里了。

尽管护送她的人都在鼓励她，希望她坚持一下，但由于浓雾的关系，费罗伦丝·查德威克看不见她的目标，心里没有了希望，最终还是选择了放弃。她后来也坦言，令她半途而废的不是疲劳，也不是寒冷，而是因为她在浓雾中看不到目标。

在这个小故事中，主人公坚持了15个小时不放弃，展现了极强的身体素质和超越常人的坚韧，她之所以最终没有获得成功，缺的就是明确的目标。

其实销售员在工作中也是一样，如果仅仅是闷头工作，而后再根据自己的工作情况设定目标，这样的方式就很容易使人懈怠，使销售员无法挑战自我，并获得提升。

"先有工作再有目标"的思维方式要求销售员像机器一样工作，不去思考自己工作的意义和自己的成绩——"做到足够多，你就会成功"。但是销售员终究是活生生的人，如果没有明确的目标为其指引工作方向，他们就会失去工作的动力，变得迷茫、厌倦工作。显然，懈怠的销售员是不可能实现业绩的提升，促进企业的发展的。

而在工作之前提出目标，能够使销售员对自己的工作结果有明确的认知，在工作中更有干劲和动力。

在确定了目标后，培训师根据目标确定合适的工作流程，就能够使销售员以最快的速度达成目标业绩。

其中，合适工作流程的标准是要根据目标来确定的。目标不同，对应的最优流程就不同。举例来说，销售员在销售工厂所需的大件器具和销售日常生活所用物件时，所采取的最优流程肯定是不同的。前者需要销售员对顾客进行持续跟进，才能完成订单，而后者则不需要。

归根结底，流程的标准取决于目标。如果销售员的工作流程仅流于形式，流程背后所蕴含的目标跟其实际的工作目标完全不同，那么，销售员自然就不会达到目标的要求。

培训师在为销售员设计工作流程时，就要根据目标需要，不断找出现有流程的局限，不断优化流程步骤和标准，最终设计出最好的工作流程，使销售员按照流程，完成自己的销售目标，为企业创造出更多业绩。

5.2　目 标 制 订

目标制订是培训师的一项重要工作职责，它的重要作用前文中已有论述，在这里就不再赘述了。那么，培训师该如何做好这项工作？我们先来了解一下弗鲁姆的"期望理论"。

美国心理学家弗鲁姆在其著作《工作与激发》一书中提出了"期望理论"，该理论揭示了需要与目标之同的规律。弗鲁姆认为人总是渴求满足一定的需要并达到一定的目标，且目标对激发人的动机有重要影响。至于这个激发力量的大小，则取决于目标价值（效价）和期望概率（期望值）。

根据期望理论，个人对目标的理解和重视程度直接影响实现目标的动机和行为。如果目标是个人自己制订的，那么他对该目标就会有着充分的理解，且个人主观上会认为达到目标的概率很高，同时也会足够重视，那么个人就会很有信心，产生强大的内在动力。

因此，这个理论就为培训师制订目标提供了一个重要启示，培训师应该充分发动销售员，使他们积极参与到目标制订这项工作中来，最终使所制订的目标能被销售员所接纳、理解、吸收，产生强大的鼓舞作用。

此外，目标制订不应局限在销售业绩方面，也要应用在销售服务方面。

比如，在我培训过的一家企业中，培训师发现该企业某个销售团队的服务工作做得很差。于是他在一次研讨会中，与销售员共同讨论了这个问题，经过反复沟通论证，他们共同确立了该团队的顾客满意度目标，并制订了一个取得进步、实现目标的计划。

通过 6 个月的工作流程优化，该销售团队的顾客服务满意度大幅提高，销售员们的士气也因此变得异常高涨。

培训师在制订目标前，要与销售员做详尽充分的沟通工作，如果不这么做，所制订的目标不仅很难调动起销售员的积极性，还可能使他们产生抵触情绪。

那么，具体来说，培训师该如何与销售员进行充分的沟通，并制订目标呢？

销售培训师在制订销售目标时应采用目标管理的原则，也就是将个人目标与组织目标、工作目标相结合。制订目标的过程有以下 7 个步骤，如图 5-1 所示。

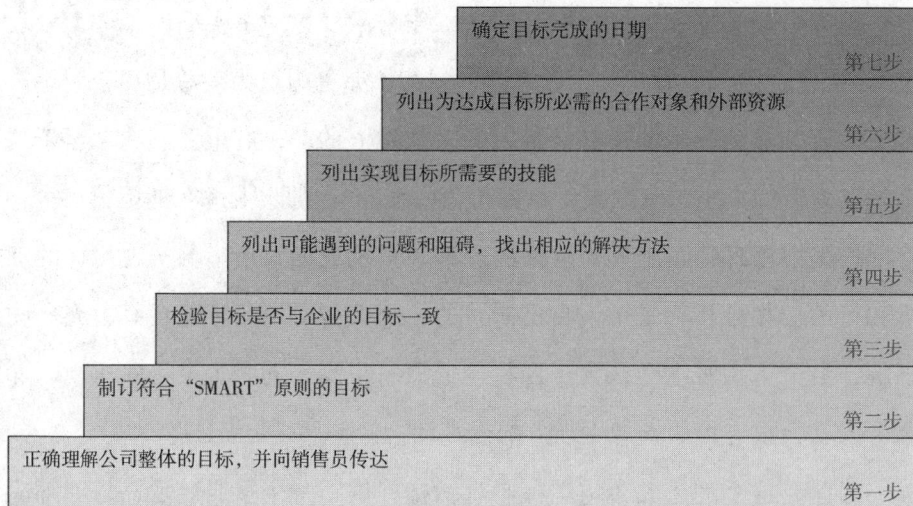

确定目标完成的日期	第七步
列出为达成目标所必需的合作对象和外部资源	第六步
列出实现目标所需要的技能	第五步
列出可能遇到的问题和阻碍，找出相应的解决方法	第四步
检验目标是否与企业的目标一致	第三步
制订符合 "SMART" 原则的目标	第二步
正确理解公司整体的目标，并向销售员传达	第一步

图 5-1　销售目标制订的步骤

1. 正确理解公司整体的目标，并向下属进行传达

培训师是制订目标的主导者。培训师只有充分理解企业整体运营目标的内涵，才能向销售员进行正确的传达，再通过与销售员的协商讨论，制订出既符合销售员的实际工作情况，又满足企业整体战略要求的销售目标。

2. 制订符合"SMART"原则的目标

对于目标的制订，弗鲁姆制订了"SMART"标准，S 即 Specific，代表具体的，指工作目标要具体明确，不能笼统；M 即 Measurable，代表可度量的，指目标应以可数量化或者行为化的方式表征，且这些目标的数据或者信息是可以获得的；A 即 Attainable，代表可实现的，指工作目标应在付出努力的情况下可以实现，避免设立过高或过低的目标；R 即 Relevant，代表相关性，指实现此目标与其他目标的关联情况；T 即 Time – bound，代表有时限，注重完成目标的特定期限。所以培训师要根据弗鲁姆的"SMART"原则来制订目标，使目标的制订更为科学有效。

3. 检验目标是否与企业的目标一致

培训师在与销售员商讨，初步制订了目标之后，为避免目标出现偏差，应及时检验自己制订的目标是否与企业的目标一致，如发现目标冲突，应及时纠正。

4. 列出可能遇到的问题和阻碍，找出相应的解决方法

在第 3 步完成后，培训师就应该对销售员实践目标的各个环节进行初步的预估，列出他们可能遇到的问题和阻碍，并找出相应的解决方法，以便及时为他们解决难题。

5. 列出实现目标所需要的技能

培训师应把实现目标所要用到的销售技能一一列出，并详细考核销售员对这些销售技能的掌握程度，有针对性地设置培训内容，提升销售员的技能，促进他们更好地完成目标。

6. 列出为达成目标所必需的合作对象和外部资源

目标的实现既需要个人的努力，也需要外部的配合，因此培训师也应把达成目标所必需的合作对象和外部资源全部考虑进来，列出单子，以便为销售员顺利完成目标搭桥铺路。

7. 确定目标完成的日期

市场形势瞬息万变，销售员若无法按时完成销售目标，可能就会致使企业效益下滑，错过发展的机遇。所以培训师在为销售员完成目标铺平道路时，更要为他们设定好目标完成的期限，以督促他们按时完成目标。

培训师要严格按照以上 7 个步骤来制订目标，使目标更有可行性，更符合企业的发展要求，促使销售员能保质保量按时完成目标，帮助他们获得业绩上的提升，进而为企业整体发展目标的实现奠定基础。

5.3 目 标 分 解

在目标制订好后，对于培训师来说，接下来的任务就是督促并帮助销售员完成目标。培训师要教会他们一些手段和方法，来简化目标的完成过程，降低目标达成的难度。而这些手段和方法中最重要的一个方面就是目标分解。

所谓目标分解，就是培训师指导销售员把一个大的目标分成几个小的目标。这样做一方面可以帮助销售员提高工作效率，另一方面也可以促使他们在不断完成小目标的过程中，增强自信心，提升士气。企业目标分解如图 5-2 所示。

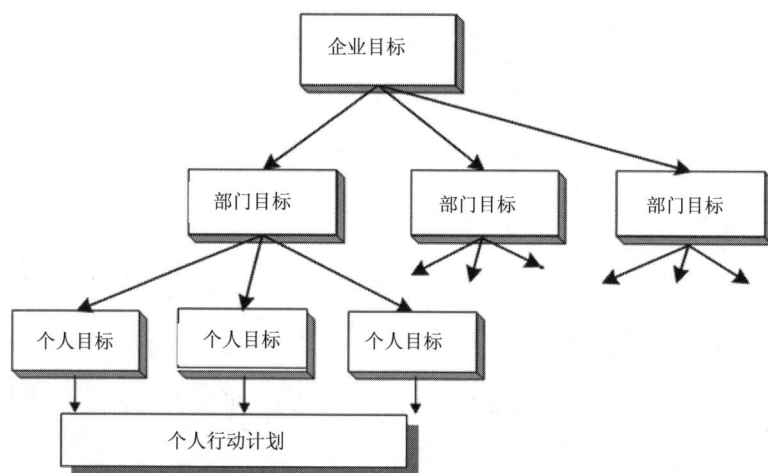

图 5-2　销售目标分解图

从图 5-2 中我们可以看出，其实企业战略目标分解与销售员工作目标分解的过程是一致的，都是从整体分解到局部，从整个流程分解到单一阶段，使销售员逐个完成单个小目标，并促进最终目标的完成。

目前，很多企业的培训师在目标分解这一步骤做得不够好，忽视了很多细节，对其中的很多问题考虑得不够周全，最终使大目标无法有效落地，也给销售员的工作带来了困难。

那么，培训师该如何进行目标分解？常用的目标分解方法有两种。

一种是指令式分解。采取指令式分解时，培训师不与销售员沟通协商，而是全权确定分解方案，再将分解方案以指令或指示、计划的形式下达。这种分解方法的优点在于能使目标构成一个完整的体系，不缺不漏；缺点在于培训师在分解目标时由于未与销售员协商，对销售员的实际工作情况不了解，容易造成某些分解目标难以落实。另外，指令式分解目标容易让销售员产生被动感，不利于调动他们的积极性。

另一种是协商式分解。顾名思义，协商式分解就是培训师在与销售员进行充分的商谈或讨论之后，针对总体目标的分解和层次目标的落实，取得一致意见。因为协商打通了销售工作的各个环节，容易使最终分解的目标能够真正落到实处，同时也为销售员带来参与感，有利于调动他们的积极性，使他们充分发挥出自己的能力。

在具体的分解过程中，培训师一般都要按照时间顺序来划分小目标，即将整体目标合理地按照季、月、周、日分解成各个小目标。在分解之后，培训师要引导销售员对其每季度、每月、每周、每日的具体工作进行思考总结，帮助他们根据自身实际工作情况制订个人行动计划。

在制订行动计划中，培训师又要按照时间段的长短，将行动计划分为长期计划、短期工作计划。

长期计划包括年计划、季计划、月计划等。一份优质的长期计划具有长期的激励作用，可以在销售员遇到暂时的打击和挫折时，鼓励他继续坚持，不失去信心。由于长期计划时间跨度长，在制订的过程中容易出现高、大、空的情况，因此培训师在制订长期计划时，一定要从实际情况出发。

短期计划包括周工作计划和日工作计划。以日工作计划为例，日工作计划应包括每日例行工作、每日平均销售额等内容。日工作计划让销售员每天都有着明确的工作内容，并可根据这些内容对一天的工作进行每日总结。与长期计划相比，日计划的内容比较丰富细致，这就要求培训师在帮助销售员制订日计划时，要遵循简单明了、重点突出的原则。

一个销售培训师的工作职责就是从各个环节，各个角度引导帮助销售员提升技能，完成销售目标。采用正确的方式方法，对销售目标进行分解，自然也是培训师工作的一部分，培训师应该把握好每一个细节，对其引起高度的重视。

5.4　目 标 实 施

目标实施是销售员践行目标的过程和手段，也就是销售员为达成目标，所采取的具体销售行为和方法。培训师在这一环节中的作用，是为销售员提供各种指导和建议，帮助他们改善销售方法，促进目标能被保质保量地完成。

目标实施是目标管理工作的核心，它的顺利实施是其他一切工作的最终目的。在目标实施中，销售员才是主体，培训师起到的只是辅助作用。如果销售员无法将目标有效地实施下去，那么培训师将之前的工作做得再好也毫无意义。

那么，作为一名培训师，我们该如何在目标实施环节，做好自己的工作？总的来说，我们要做到三个方面，如图 5-3 所示。

做好目标的制定和分解工作

做好销售员的心理按摩

提出自己的指导意见

图 5-3　培训师在目标实施中要做到的三个方面

第一，做好目标的制订和分解工作。

目标的制订和分解是目标能否顺利实施的前提和保证，培训师为做好这两项工作，就要综合考虑与其相关的方方面面，把工作做得足够细致扎实，确保目标切实可行。这样，销售员在践行目标的过程中，才会更加得心应手。

第二，做好销售员的心理按摩工作。

销售员在完成目标的过程中，难免会遇到各种各样的挫折和失败，进而导致心理问题的产生，因此，培训师就要善于安抚他们失落的情绪，坚定他们的信心，鼓舞他们的干劲，使他们从困境中走出来，正视缺陷，积极进取，挑战自我，最终完成自己的目标。

其实，失败并不可怕，它是销售员在实现目标的过程中必然要经历的，可怕的是销售员就此一蹶不振，失去了弥补失误、继续前进的斗志和勇气。因此，在进行心理按摩时，培训师要以安抚鼓励为主，要尽可能地给予他们一些体谅和包容，帮助他们重拾信心，切忌态度冷漠，甚至对他们进行严厉的指责。

我曾经遇到过这样一个培训师。这位培训师奉行高压政策，一贯以严厉的态度对待销售员，以为这样做可以对他们起到鞭策和督促作用，使他们不敢懈怠，能更加努力地工作。他的这个做法在很多时候确实起到了一些效果，然而，有一次他却失败了，还导致了销售员的大批离职。

一次，一个销售员在开发新客户的过程中，吃了闭门羹，心情非常沮丧，觉得自己做得足够好了，基本上已经做到了自己所能做的一切，他不明白自己为什么还是失败了，于是便找到培训师，想求得他的指导和帮助。哪知这位培训师在得知销售员没有成功开发客户的消息后，当即大发雷霆，不问青红皂白就斥责了他一顿，而且在斥责时，也没有就事论事，而是东拉西扯地说了很多与此事无关的事情。

销售员感到非常委屈,第二天就辞职了。

之后不久,那位离职销售员所开发的客户主动找上门来,与培训师见面,向培训师高度赞扬了该销售员的工作,说明了之前没有合作是由于客户自身的问题,还表达了想与销售员展开合作的意愿。

培训师懊悔不已,无奈之下只好向客户告知实情。

在得知那名销售员已辞职时,客户深感遗憾,也没有再与这家企业合作下去。

这件事在团队内的其他销售员中产生了不小的影响,很多销售员都对培训师严苛的态度产生了不满情绪,纷纷选择离职,最终导致企业的效益大幅下滑。

从这个案例中我们可以看出,销售员在目标实施遇到困难时,培训师要做的是安抚和体谅,绝不能一味地指责对方,要耐心地帮他找出问题所在,对他失落的情绪进行疏导,使他振作起来,重新开展工作。

第三,提出自己的指导意见。

培训师要根据销售员的具体工作情况,向他们提出自己的指导意见,帮助他们完成工作目标。由于行业不同,销售产品不同,销售模式和方法自然也就不尽相同,比如,一些企业注重渠道销售,一些企业注重终端销售,还有一些互联网企业注重社群营销。因此,培训师要对行业内常见的销售方法技巧有深入的了解和认知,有极为丰富的销售经验,能根据不同的情况,为销售员提出不同的应对策略,指导销售员成功完成工作。

总之培训师要做好以上 3 个方面的工作,辅助销售员开展目标实施,尽自己所能使销售员完成目标,提升业绩。

5.5　目 标 跟 踪

目标跟踪是培训师对销售员的目标落实情况进行跟进，以便根据落实情况及时调整下一步计划。它是培训师对销售员工作进行管理的一种手段。

现代管理学之父德鲁克指出：目标管理所要达到的两个核心目的，一个是激励，一个是控制。显然，培训师进行目标跟踪的目的，就是要实现对销售员工作的控制，防止他们偏离目标，使他们都能严格按照企业的要求，完成工作计划。目标跟踪是企业对销售员进行管理的一项重要手段，它的主要实施者是培训师。

那么，培训师要如何进行目标跟踪？常见的目标跟踪方法有以下三种。

第一，建立定期的报告制度。培训师要制订分类较全面的日报表或周报表，让销售员将自己的工作情况、目标的完成情况、采用的销售手段等信息分门别类地填入表格，在每天下班前或每周末向自己汇报。

第二，定期举行会议。每隔一段时间，培训师都要召开一次工作总结会议，让销售员们在会上当面向自己汇报工作情况。

第三，进行现场跟踪调查。培训师要定期或不定期地到销售员的工作现场视察，了解销售员的工作进展和常遇到的问题。

这些方法看似容易，但要想把它们做好并长期坚持下去，也需要培训师有极高的责任感。

下面，我再来具体讲讲，培训师在进行目标跟踪时，容易陷入的两个误区。

1. 做目标跟踪时，培训师跟踪的是哪一个目标

对目标的选择不清，是培训师在做目标跟踪时最容易陷入的误区。通常来说，目标应该是销售员的销售目标，然而在跟踪目标时，很多培训师都不自觉地把目标转变到销售员具体工作的方式方法上了。这样一来，就导致了培训师在工作中胡子眉毛一把抓，事无巨细，只要发现销售员的某一个工作细节不符合自己的想法，就要立刻对其进行指摘和纠正。这样做使自己很累不说，还会使销售员束手束脚、战战兢兢、无所适从，很难发挥出自己的工作能力。

比如，假设企业原本为销售员定的销售目标是年销售额达到 200 万元，平均每个月销售员要完成 15 万元以上。如果培训师发现销售员的销售额有一个月没有达到 15 万元，就对其喋喋不休，加以约束和规范，这样做显然是不对的，培训师要将目标放长远，要把目标定在最终的 200 万元上，而不是每个月的 15 万元，要学会适当地放权，给销售员一个相对宽松的环境，鼓励他们积极发挥主观能动性，创新思路，完成业绩目标。

2. 销售员完成目标销售额就等于完成目标了吗

这个问题很有迷惑性，很多培训师都简单地以为，只要销售员完成了目标销售额，他就完成了目标，实际上，这种想法是非常片面的。目标销售额只是目标的一部分，绝不是目标的全部，培训师要对目标有细致全面的掌握和了解，要知道其所包含的具体内容。销售员只有完成了目标中的全部内容，才算完成了目标。

比如，某企业培训师在年初时为销售员制订的目标是年销售额达到 500 万元，同时扩大新产品销量在销售额中的比重。可到了年底，销售员确实完成了 500 万元的销售目标，却没有卖出多少新产品。那么，显然该销售员并没有完成为新产品打开市场的目标，因此他也就没有完成目标。

在目标跟踪过程中，培训师就要本着高度负责的态度，切实把工作落到实处，监督销售员顺利地完成目标。

5.6　目　标　评　估

每过一段时间，培训师就要对销售员的工作表现做一个评价，看看他们的工作成果是否达到预期的目标，这就是销售目标评估。培训师对销售员做目标评估的具体流程如图 5-4 所示。

图 5-4　销售目标评估过程

环节一：制订目标评估标准

销售目标评估标准就是企业高层或培训师为销售员制订，或者培训师和销售员共同制订的评估标杆和尺度。培训师利用这些标准，可以对销售员的目标完成情况进行检验和衡量。这些标准包含方面很多，比如销售额、利润、成本指标等。

环节二：观察行为

有了评估标准后，培训师就要在日常工作中，主动地、有计划地观察销售员的行为，并将其中的一些关键性行为（正面的或负面的都可以）记录下来，进行分析，提出相应的解决办法，并在评估时，以其作为评估的事实依据。

环节三：等级评定（等第评估）

等级评定是培训师将考核目标划分为几个不同维度、不同层次的小目标，并根据这些小目标的要求，对销售员进行逐项评估。培训师可以根据不同的场合，不同的情况，来决定是采用整体目标评估，还是采用小目标评估，见表 5-1。

表 5-1 某销售员的销售目标评估情况

目标范围	当前目标水平
工作质量	M（达到预期目标）
完成目标的及时性	E（超过预期目标）
与人合作的团队精神	B（低于预期目标）

在表 5-1 中，"工作质量""完成目标的及时性""与人合作的团队精神"正是培训师确定的小目标，培训师以这些目标为依据，对销售员进行逐项评估。所评估的结果是：该销售员的前两项目标完成情况很好，达到或超过了预期，但是他的第三项目标完成情况不好，没有达到预期，最终还是导致了工作的延误。因此，销售培训师就应该在团队合作方面对他进行指导，帮助他改进工作。

由此，我们可以看出，等第评估的过程其实就是一个绩效诊断的过程。它通过对销售员整体目标的细化和量化，从不同角度对销售员的每一个工作细节进行衡量，帮助培训师找准病根，对症下药，有针对性地做好培训工作。

培训师对销售员进行目标评估，不是只单纯地根据目标要求给出评估，说出好或不好，然后对其加以奖励或惩戒就行，而是要通过评估，来帮助销售员改进工作的方式方法，提升业绩，促使他们保质保量地完成目标。而这也正是目标评估的意义所在。

环节四：评估结果面谈

培训师在对销售员做过目标评估后，就要以面谈的形式，与销售员展开双向沟通，将评估结果及自己的期望反馈给他们，并倾听他们的想法和意见，与他们一同找出改进工作的具体措施。

评估结果面谈是一种正式的沟通，需要培训师和销售员双方在严肃认真的氛围下进行，只有这样，销售员才能端正自己的态度，重视自身的问题，积极主动地改进工作。

然而，在许多企业中，培训师往往为了安抚销售员的不满情绪，将评估结果面谈改成了谈心，这样做就很难达到帮助销售员提升能力和业绩的目的。

因为谈心本身就是一种非正式、非理性的情感交流，培训师很难在谈心中将改进工作的意见想法上升到企业管理的高度，对销售员进行训导，使他们真正重视起来，虚心接受意见，并在工作中努力改正。

所以，培训师绝不能将目标结果评估面谈与谈心混为一谈，要把谈心作为一种心理按摩的方式，用于对他们进行鼓励和安抚，而把评估结果面谈作为传达企业要求的途径，要本着高度严肃认真的态度，并根据不同销售员的具体情况，采用不同的方法和手段，对他们进行鞭策或激励，使他们都能端正态度，改掉缺点，完成自己的目标。销售员的类型和培训师应该采取的策略如图 5-5 和图 5-6 所示。

图 5-5　销售员的类型

	面 谈 策 略	
良好沟通	奖励	
	辅导	更高的期望
惩戒	培训	
	鼓励	制订目标改进计划

（纵轴：工作业绩，高→低；横轴：工作态度，低←→高）

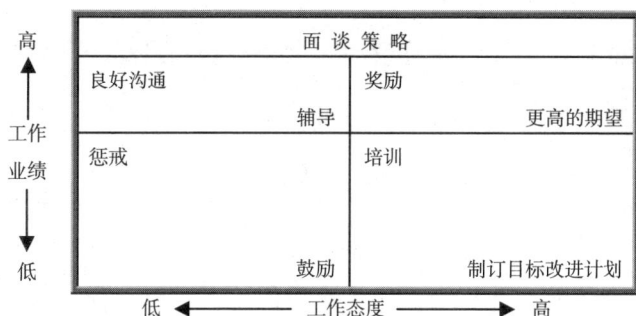

图 5-6　销售员的面谈策略

环节五：销售目标改进辅导

在评估结果面谈后，培训师就要与销售员共同制订销售目标改进计划。销售目标改进计划就是销售员为了完成销售目标，所要采取的一系列工作改进措施和行动。培训师做好目标改进计划，必须遵循两个要点：一是要体现目标结果面谈所反映的问题；二是要征得销售员的认可，不要片面推行改进计划。

在这里，我们要特别注意的是，虽然在目标评估中，销售目标改进属于最后一个环节，但是，销售目标改进辅导实际上是要贯穿于整个销售目标评估的全过程的，或者说，要贯穿于每年年度销售目标的全过程。

目标评估是培训师对销售员的目标完成情况进行考核的过程，是整个目标管理环节的最后一环，是培训师对本次目标实施情况的总结，也为下次目标管理工作的开展提供了有力的依据。

5.7　华为：目标管理助力企业腾飞

华为公司作为国内首屈一指的通信设备和技术供应商，发展至今，其在国内乃至全球的影响力已无须赘言。那么，一家企业之所以能取得如此巨大的成就，由多种因素共同推动的，其中包括企业管理者的高瞻远瞩、各级员工的辛勤付出、国家政策的大力扶持等，当然，华为的腾飞自然也离不开它独到的企业管理机制——目标管理。

华为的目标管理遵循着以下 4 个原则。

第一，"先瞄准目标，再开枪"。

"先瞄准目标，再开枪"这是华为创始人、总裁任正非在谈到目前一些企业中员工埋头苦干但却达不到预期要求的现象时所提出的观点，他曾再三告诫自己的员工，无论做什么事，都要先定好目标再工作，永远不能"先干起来再说"。

在华为，培训师在为员工培训时，总是让每一个员工在工作前先考虑 5 件事：做什么？如何做？做多少？在哪儿做？为什么做？而对这 5 个问题的解答也正好勾勒出了一个工作目标的清晰轮廓。有了清晰明确的目标，华为的员工们也就心明眼亮，能在目标的指引下，全身心地投入工作当中。

第二，制订切实可行的目标。

目标如果不切实际，那就等于没有目标。一些企业的培训师和销售员总是眼高手低，在制订目标时喜欢拍着胸脯，自吹自擂，把目标设得过高，遥不可及，结果根本无法达成。这样目标管理变成了走过场，形如虚设。

华为的工作氛围是低调务实的，是有一说一、有二说二的。任正非也曾多次提出，制订目标要有可行性，不能放卫星、喊口号，要扎扎实实地做，争取把每个目标都落到实处。因此，华为的员工都自觉养成了务实的作风，很少有人提出不切实际的计划。

第三，制订具体量化的目标。

使目标具体和量化是目标分解工作的要求。在华为，所有的工作目标都是可度量的，每个员工都明白今天要完成的工作量、要达成销售额，虽然有些工作受客观条件的影响，员工的实际完成情况可能会与目标有一些出入，但这种出入是可控的。

这种量化的目标既会使员工对自己的工作任务更加明确，在工作上有的放矢，自觉地以目标为导向完成工作，避免做无用功，也能方便华为的高层管理者通过量化的数据来考核员工的业绩，进一步帮助目标管理工作更有效率地开展。

第四，"一步一个脚印"。

我们回顾华为的发展史，就会想到一句名言："罗马不是一天建成的"。华为从成立至今，历经三十年发展，从最初的群狼战术，到"农村包围城市"战略，再到在城市站稳脚跟，深耕国内市场，再到如今产品遍及全球，成为世界排名前三的手机生产商，我们看到的是华为人一步一个脚印，稳扎稳打的作风，我们看到的是华为人为着目标奋进的执着和努力。

就拿华为的销售员来说，华为的培训师会根据企业的要求，与相关团队的各个销售员沟通协商，确定本年度的销售目标，再在本年度目标的基础上，制订第二年、第三年的目标，保证每年的目标都比上年目标有所增长，而且增长的幅度也不是信口胡编的，而是培训师和销售员经过对市场前景的调查研究、反复讨论总结出来的，是销售员可以完成的。

此外，华为培训师还会经常组织销售工作会议，要求销售员在会上汇报自己的短期计划、长期计划，以及自己目前的目标完成情况，通过讨论找出问题所在，有针对性地调整目标，保证目标符合销售员工作的实际情况，符合企业的发展规划。

华为人就是通过这种不断地确立目标，不断地完成目标，踏实务实的工作态度和工作方式，推动企业由量变转向质变，实现了腾飞。

今天我们看华为有了辉煌的成就。然而，它今天的辉煌正是昨天无数华为人所挥洒的汗水。正是华为人这种对目标锲而不舍的追求，助力华为破茧成蝶。往日的荣耀都成过眼云烟，今日的华为人早已洗尽铅华，迈步从头越，朝着更崭新的目标砥砺前行。

第6章　带新人不用愁，技能型知识传授三步法

众所周知，销售培训师担负着组织销售员学习、向他们传授知识与技能的重要职责。而销售培训师要想提升培训效果，也要利用销售员的经验优势。培训师既要发挥良好的授课水平，也要借助销售员自身经验的积累，调动他们的工作积极性，把他们的优势发挥出来。

但是，有时候培训师在带教过程中用尽了各种方法却没能达到理想的带教效果，其原因不是培训师不够尽心尽力，而是带教方式出了问题。技能型知识传授三步法是改善带教效果的有利武器，熟练掌握该方法能够帮助培训师有效地提升新人的销售技能，使培训师的培训工作更加得心应手。

6.1　不是新人悟性差，是培训师的带教出了问题

很多销售培训师都跟我抱怨："新人的悟性太差了，根本就教不会。"
对此，我认为：新人之所以学不会，不是因为他们的悟性相差，而是培训

师的带教方法出了问题。培训师应该采用适合新人的带教方法，才会达到预期的带教效果。

对于刚来到企业的新人来说，不管是对企业的工作环境，还是对工作流程，都是陌生的，需要一段时间去适应。在这个适应的过程中，培训师就应该发挥重要作用，帮助新人迅速度过适应期，快速成长为合格销售员。

一般来说，新人在进入新的岗位时一般要经历四个心理周期，如图 6 –1 所示。

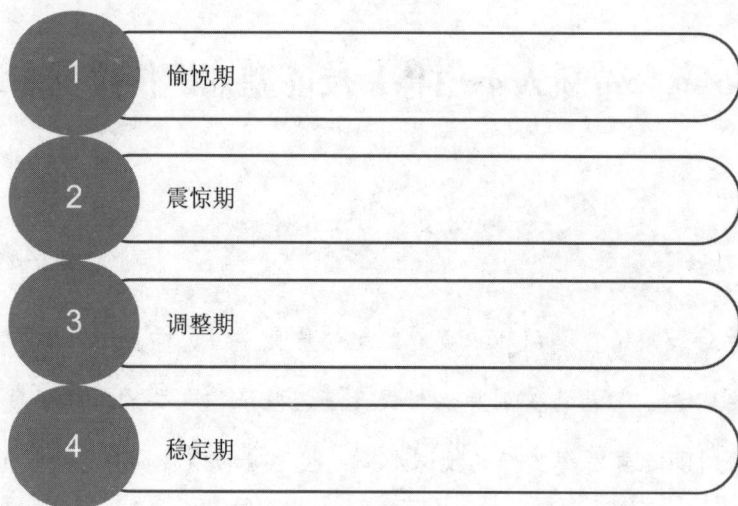

1	愉悦期
2	震惊期
3	调整期
4	稳定期

图 6-1　新员工心理变化周期

1. 愉悦期

新人之所以愿意入职一家公司，是因为其对该公司有了一定的了解后，对企业抱有一定的好感和期望值，那么在刚入职时，新人就会存在愉悦期。

在新人处于愉悦期时，部门领导要通过培训和沟通主动告诉他们企业的真实情况，这些真实情况既要包括正面信息，也要包括负面信息。这是为了让新人对企业和自己的未来抱以理性期望，以减轻新人后期的震惊程度，避免他们因心理落差太大而产生辞职的想法，也是为了避免非正式渠道成为新人的主要信息来源。而通常小道消息传播会以负面信息为主，为企业带来负面影响。

2. 震惊期

新人在工作中与周围的工作环境磨合了一段时间后，通过自己的所见、所闻会逐渐发现企业这样或那样的问题，感觉现实情况与自己当初设想得不一样，产生震惊感和心理落差。这种落差如果不及时调整，也会使新人感到非常不安。当企业管理规范、文化氛围好时，新员工的震惊程度就相对较低。

3. 调整期

一个理性的新人会坦然面对震惊期的问题，会认为正因为企业存在问题，自己才会有发挥能力的机会，而一个不理性的员工则会悲观地觉得这种企业没有值得留下的理由。调整期就是员工价值观博弈的时期。在这个时期，培训师应该多指导新人进行理性决策，指明企业未来的发展空间和发展机遇。

4. 稳定期

随着时间的推移，新人慢慢地熟悉了工作环境，心态也会变得坦然起来。一部分人留了下来，一部分人被淘汰出局。培训师要正确看待人员流动的问题，不能轻易放走一个对企业有用的人，也不能轻易留下一个对企业没有用的人。

在做面对新人的带教时，培训师首先要对新人进行普查式了解，可通过与新人交谈如座谈会等形式，在培训前，向他们重点征求意见。在交谈过程中，培训师应注意观察各位新人的表现，深入了解他们，整体了解新人的性格和语言表达能力，从中找出能够积极发言的员工、乐于分享经验的员工及工作能力比较强的员工，要求这些员工在培训过程中发挥学习引导、带动作用。

培训师在对新人进行培训和指导时，应给每个新人分配一些与他们实际情况相适应的问题，并提出具体要求。培训师应请他们提前做好准备，认真梳理自己的经验和感受，明晰思路，做好考核准备。例如，在某一次的培训过程中，有个新人结合培训师的培训内容，创造性地提出了"分析需求——制定计划——先统后分——统一考核"的工作模式，这种工作模式对其他员工的启发也很大，不少学员在培训之后，将这种模式运用到自己日常的工作中，提升了自身能力。

培训师在培训课程开始的前10分钟内要以最简洁的方式把课程的主要内容、观点向新人们做系统的阐述，引导他们进入学习状态，然后再引入具体问题，引导他们参与培训活动。在活动过程中，培训师要适当点出问题或要点所在，着重培养他们的言行举止。

培训师要组织新人结合课程内容及自身体会进行研讨，请他们结合自身实际来理解培训内容。通过积极讨论，使他们能够深化对培训内容的理解和认识，实现培训过程中信息、经验与成果共享，真正使他们的能力得到提升。

当一个阶段的培训结束后，培训师要及时进行总结，对这个阶段的培训内容进行归纳和升华，对新人在培训过程中出现的问题，应明确地指出。通过引导新人讨论，培训师可深化新人对培训内容的理解，进而传授他们工作知识技能的应用技巧，提升他们对工作方法的认知理解能力，顺利地完成本阶段的培训。同时培训师要对新人后期的工作状况进行跟踪，指出其存在的问题并加以指导。

表 6-1 是某服装店铺培训师的第一天带教流程。该培训过程共持续了一个月，每天培训师都会列出一张表格，在表上列出当天所要带教的内容，并要求被带教人根据培训完成情况，在表格上签字。这一做法能避免新人逃避培训。表格的最后几行是培训师和新人对每一天的培训效果所进行的总结和点评。培训师可参考此表格进行带教过程中的流程表格编辑。

表 6-1 某服装店铺新员工第一天带教流程

带 教 流 程	带教人签字	被带教人签字
执行店长带领信任参加晨会，鼓励新人做自我介绍，主动了解新人以前的工作经历，是否具备店铺销售经验		
执行店长带领信任熟悉店内外环境，并带到与同事互相认识，指引休息处、仓库、洗手间		
执行店长必须带领新人与自己一起用餐		
给新人做品牌文化介绍：品牌发展历史及品牌人物，包括风格系列、定位、价位段、消费人群、销售城市		
介绍仪容仪表规范和服务礼仪并示范演练：站姿、迎宾用语及手势，如何微笑，如何与客人打招呼		
介绍店铺服务流程，如怎样倒水、擦鞋服务，护理皮具等		
新同事当天自我总结		
学习点		
点评		

每个新人都是值得培养的。要想使新人快速成长，还需要培训师不断调整带教方法，用最合适的方法带教新人，提升他们各方面的能力。

6.2 言传身教：先做一遍给新人看，并讲授一遍要点

在培训中，很多销售培训师都会跟我抱怨，无论自己讲解多少遍，新人就是学不会。这个问题的主要原因就是，培训师只是在机械地教，只教给新人理论方法，却没有亲自示范。

新人学不会，大多是因为培训师的带教方式出了问题。带教最好的方式就是言传身教。所谓言传身教，顾名思义，就是培训师用语言讲解传授，并用行动加以示范。培训师先亲自示范，再讲授其中的要点，使言传与身教结合才能达到最佳的带教效果。

如今，越来越多的企业开始认识到，在培训新人的过程中，培训师不能一味地讲授，而应该边示范边讲授。培训师的言传身教不是速药，它恰恰强调新人的持续学习过程，帮助他们在工作中日渐得心应手。

培训师要把言传身教持续贯穿到新人们工作的整个过程。带教培训师若是没有做到言传身教，只一味地讲授或者一味地示范都是不可以的，培训效果就不会显现。因此，没有大量善于利用言传身教指导新人的培训师，企业的整体水平就不可能获得提高。

我曾经为一家品牌店铺的培训师做培训，有两个培训师在培训期间的表现都非常突出。但是在我对店铺进行回访，观察培训效果的时候，却发现其中一个培训师的带教效果明显没有另一位的好。明明这两位培训师都在培训期间成绩优异，为什么实际带教过程中的效果却有这么大的差距？经过仔细分析，我发现关键点就在于培训师是否进行了言传身教。

带教效果不够好的培训师总是将言传和身教分割开，有时只记得言传——为新人讲解技巧的关键点，有时却又只记得身教——亲身示范如何做。而带教效果比较好的培训师则是牢牢把握了将言传与身教相结合的原则，在教学时总是先做一遍给新人看，再讲授一遍要点。在后一种方式下，新人在短时间内，就能高效地了解到技巧在理论上和实践中的联系和区别，因而掌握得比较牢固。

在培训新人的各个环节中，销售培训师都要将言传身教的带教方式贯穿于整个培训过程中。言传身教的方法能够让理论和实践相结合，让新人能尽快适应工作环境，帮助他们熟悉工作流程，在工作岗位上得心应手。销售培训师要规范讲解和示范工作要领，正确解答新人的疑问，及时纠正他们的错误，让他们养成良好的工作习惯。只有这样，他们才能够获得丰富的经验，具备良好的业务素质，在工作中不断提升自己的能力。

在言传身教的带教过程中，培训师还要注意以下几个要点，如图 6-2 所示。

图 6-2　言传身教中的关键点

1. 因材施教

培训师在带教过程中要做到因材施教，努力提高带教效果。在向新人示范销售技巧的过程中，培训师要根据新人的性别、年龄、性格等各个方面的因素，选择合适的培训方法和沟通方式，从而增加新人培训中的积极性，来达到良好的带教效果。

2. 耐心讲解

由于带教涉及销售技能的实际运用，很多新人会因为理解上的偏差，导致多次失败或是无法正确理解某一步骤的重要性，这就需要培训师对新人耐心讲解，营造愉快的培训环境。在培训过程中，销售培训师要耐心地给新人讲解相关的理论知识，并亲自示范工作技巧，与他们保持良好的沟通，形成伙伴式的培训关系。

面对不同水平层次的新人，培训师都要认真对待和回答他们的问题。当他们在工作中出现错误时，培训师应立即为他们分析原因，给予耐心指导。他们在培训中犯了错误，培训师不能对他们进行太过严厉的责备，要耐心地讲解，为他们创造一个轻松愉快的培训环境。

3. 以身作则

"身教重于言教。"在培训中，培训师要多给新人做示范，耐心对待每一位新人。从一点一滴的带教中帮助他们成长，成为新人踏入工作道路上的"良师"。由于带教过程中培训师的一言一行都有可能被新人模仿，所以培训师尤其要注重自己的言行举止，以身作则，为新人树立良好的榜样。

新人的能力就像水下的冰山，需要培训师去挖掘。而挖掘新人潜力的关键就在于带教培训师能不能通过言传身教把水下冰山托出水面。企业与其大量地招聘新人，不如开好好发现有员工的潜力。其实，每个人都是有潜力的，关键看培训师怎么挖掘，有没有办法挖掘。

如今，很多企业管理者都能认识到，培训师带教跟不上是企业发展的致命伤。因此，各大企业都迫切希望提高培训师的带教能力。其实培训师的带教能力并不体现在策略上，而体现在带教行为上。提高带教行为效果的最有效方法是培训师自上而下的言传身教。

一名优秀的销售培训师要做到具备完整全面的销售知识脉络和丰富的带教经验，就要通晓销售工作的基本流程和工作规范，并不断提升自己的带教能力。销售培训师要利用业余时间，自觉加强业务学习、巩固专业知识。在新人的培训过程中，培训师不仅要教新人怎么做，更要使他们知道为什么这样做。只有把理论与实践结合起来，把言传身教的带教方式贯穿到整个带教过程，培训师才能帮助新人快速适应工作环境，提升工作能力。

6.3　对错有据：新人独立完成一次，点评对在哪、错在哪

培训师对新人进行言传身教之后，下一步就要开展"对错有据"环节，具体来说就是培训师让新人独立完成一项培训内容，并对新人的工作内容进行整体点评，对表现好的地方提出表扬，对不好的地方，要指出来并进行纠正。

企业开展培训的目的就是为了提高新人的工作技能，提高企业的整体实力。销售培训并不是陌生的事物，但在培训方式的选取上，企业通常采用讲授的方式，培训完就让新人直接投入工作中去，至于培训的效果到底怎样企业并不考察。这种不分析对错的方式大大降低了培训的效果。

我在指导培训师培训时采用了新的方式。我选择把新人的实践环节加入培训过程中，针对培训师所教的技巧，让新人亲身实践，然后再让培训师根据新人的实践结果，给予点评，对错的地方予以改正，通过指导，使员工的工作能力逐渐得到提升。

很多公司在带教培训过程中，并不重视让新人独立完成一次再进行点评的环节，甚至会故意省去这一环节直接进入强化指导环节。我在跟踪培训效果时，就发现许多培训师以"节省时间"为由省去了这一环节，这是非常错误的做法。

为什么我们要在培训中安插这样一个新人先做、培训师再点评的环节？这样做是为了给新人提前创造一个模拟的情景，让他们在接触了新技巧之后立刻有机会实践，有助于帮助他们巩固所学的知识，强化重点，规避错误。

在这一环节中，培训师要把握好三个重点，如图 6-3 所示。

1	"独立"：新员工独立完成一次
2	"点评"：对错皆指出
3	"有据"：对错有据

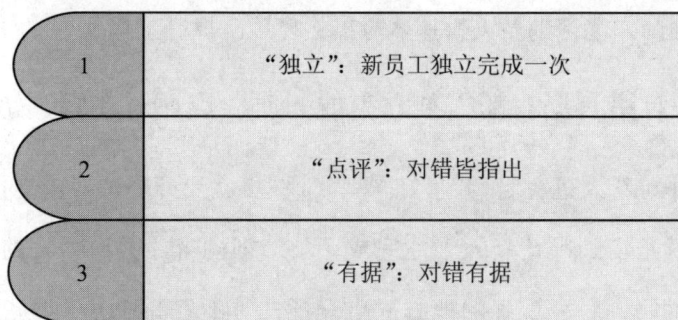

图6-3 "对错有据"环节的重点

1. "独立"：新人独立完成一次

这个环节就相当一个预设的实战演练，所以培训师一定要保证新人能独立完成所有任务。培训师在整个环节中，只需在一旁观看即可。在观看中，培训师一方面要做到不参与、不打断新人们的实践，另一方面也要仔细观察新人们的一举一动，并进行详细记录，以便后期点评。

2. "点评"：对错皆指出

在新人完成任务后，培训师应及时点评。在点评时，培训师应牢记"对错皆指出"的原则，既不能只说新人的不足，不说优点，打击他们的积极性，也不能只指出新人的长处，不说缺点，导致他们自满。"对错皆指出"要求培训师要努力做到全面、客观，保证为每一位新人的每一次独立实践都做一个全面的点评。

3. "有据"：对错有据

培训师在点评时，一定要做到有理有据，以理服人。在新人实践环节，培训师只要做好了记录，就能够为有理有据的点评创造条件。如果培训师的点评不够有理有据，新人就会不服气，不能够充分意识到自己在任务完成过程中所存在的优缺点，这显然是不利于带教工作的继续进行的。因此，培训师在点评过程中要做到对错有据，让新人心服口服。

"对错有据"环节看似多余，实际上是对新人即时学习效果的检测环节，对新人的后续培训具有很好的指导作用。因此，培训师和新人们都应对这一环节有足够的重视。

6.4　强化指导：带着新人做一遍，强化他刚做错的部分

很多培训师在培训过程中做到了言传身教，也让新人独立去完成了一次并进行了点评。这一套流程走下来，培训虽然有了效果，但是效果还不是很明显，一部分新人可能经过这段时间的培训，发现自己的能力还停留在原地。这种"效果不明显""能力提升不大"的情况之所以出现，是因为培训还有很关键的一步没有进行，这一步就是强化指导。

强化指导过程就是培训师亲自带着新人做一遍，帮助新人巩固知识点，吸取经验教训，杜绝错误再次发生。这样的方式可以使新人加深印象，避免他们再次犯同样的错误。

强化新人培训，一方面可以增强企业竞争力，实现企业战略目标；另一方面也可以将新人个人的发展目标与企业的战略发展目标统一起来，满足新人的自我发展需要，调动他们的工作积极性和热情，增强企业凝聚力。下面，我以一览英才网为例，来做说明。

在对新人的强化培训方面，一览英才网已经逐渐由"培训"向"学习"过渡，从"要我学"向"我要学"转变。一览英才网的培训师在对新人开展培训时，强调在尊重新人个人意愿的基础上，帮助他们找到提升职业素养的方法和步骤，更加强调新人的自学意识和自学行为。在相对完善的任职资格体系的牵引下，一览英才网的培训师会引导新人自动自发地学习成长。

新人的学习素材主要来源于网络，比如网易公开课中的"全球名校视

频公开课"，该公开课涵盖了来自于哈佛大学等多所世界级名校的公开课课程，内容涵盖人文、社会、艺术、金融等领域，目前已经成为一览英才网员工学习基地之一。此外，拥有智慧课堂，定位于"与年轻人一同成长"的优米网也成了一览人才网新人强化学习效果、交流工作心得的平台。

在培训师的组织下，新人还会在学习的过程中定期、不定期地自发分享交流经验，相互启发，强化了对工作技能和知识的理解和掌握。

从这个案例中，我们可以看出培训师强化指导，带领新人亲身实践，可以利用各种手段来进行，既可以通过组织新人开展现场演练，也可以通过各种渠道，利用多种媒介平台，来帮助新人巩固知识，提升培训效果。

由于销售新人素质参差不齐，理解能力有限，在接受完培训后更容易出现培训时激动、回去后马上行动、过了一周一动也不动的现象。因此，培训师更应该做好培训的强化指导工作，通过反复演练，帮助他们巩固提高。

6.5 带教场景教学：陈列的技巧

培训师对销售员进行带教，必然要结合具体的带教场景，为销售员讲授相应的销售技巧和产品知识。比如，培训师为门店销售员带教时，就应该结合门店具体场景，传授新人店铺规划技巧、店铺色彩协调技巧、店铺照明配置技巧、商品搭配技巧以及各种商品陈列技巧等。本节我就重点讲一下有关商品陈列方面的知识，为培训师在培训门店销售员时提供一些借鉴。

陈列是一种视觉表现手法，它运用各种道具，结合时尚文化及产品定位，运用各种展示技巧将商品的特性表现出来。合理的商品陈列可以起到展示商品、提升品牌形象、展现品牌魅力、促进品牌销售的作用。陈列是商品无声的推销员，是品牌魅力的体现，也是商品价值的二次创造。陈列要随展示目的、展示方法以及购物方式的不同而变化。

意大利著名服装设计师乔治·阿玛尼对商品陈列有着深刻的理解："我们要为顾客创造一种激动人心而且出乎意料的体验，同时又在整体上维持着清晰一致的识别，商店的每一个部分都在表达我的美学理念，我希望能在一个空间和一种氛围中展示我的设计，为顾客提供一种深刻的体验。"

服装陈列主要指服装卖场及橱窗的陈列设计，其目的是为了提升品牌形象，吸引顾客，提高销售额。服装陈列也是培训师培训新人的一项重要内容。

服装陈列的八种基本方法如图 6-4 所示。

科学分类法	装饰映衬法
经常变换法	模特展示法
连带方便法	效果应用法
循环重复法	曲径通幽法

图 6-4　服装陈列八大法

1. 科学分类法

大多服装店所经营的服装种类比较多，从几十种到几百种不等。杂乱的服装摆放不利于销售额的增加，科学地进行服装分类则可以扩大服务面和提高成交率。所谓科学分类就是销售员将服装按照某种理性逻辑来分类的方法，如按年龄顺序摆放，进门是少年装，中间是青年装，最里面是老年装或童装；或门店左边摆放中档价位的服装，右边摆放高档价位的服装，最里边是销售员提供服务的场所。科学的分类给顾客选购和店铺管理都带来了方便。

2. 经常变换法

服装是时尚商品。每刮过一阵流行风，时装店的面貌就应焕然一新。如果所售的服装没有太大的变化，销售员则可以在陈列、摆设、装潢上做一些改变，同样可以使店铺换一副新面孔，从而吸引顾客前来。

经常变换法的使用不仅限于服装店铺，大凡销售流行商品的店铺都应紧跟时尚，在店铺的陈列上及时更新，保持顾客对店铺的新鲜感。

3. 连带方便法

将同一类顾客所需要的系列服装摆放在一起，或将经常搭配的款式放在一起，可以方便顾客的配套购买，这种组合服装销售的方法称为连带方便法。如将男衬衣、西装和领带、领带夹等摆放在一起，将秋冬外衣与帽子、围巾等摆放在一起。这种摆放方法不仅减少了顾客寻找商品的时间，也隐形地增加了顾客的购买需求，提高了店面的销售额。

4. 循环重复法

有些服装样式放在某一位置时间太长，由于光线和周围款式的影响等原因而无人问津，这时销售员可以将它们调换位置，与其他款式的服装重新组合，这样会产生一种新的艺术主题，增加服装售出的机会。如果销售员将里边货架上的衣服移到外面的货架上，则会更加引人注目。通过循环重复，并配以新款式上架，整个服装店就会给人以常变常新的感觉。

5. 装饰映衬法

在服装店做一些装饰衬托，可以强化服装产品的艺术主题，给顾客留下深刻的印象，这种方法叫作装饰映衬法。如销售员在童装店的墙壁上贴一些童趣图案，在情侣装附近摆上一束鲜花，在高档皮草服装附近放上一具动物标本等。须要销售员注意的是，我们再采用装饰映衬法时，千万不可喧宾夺主，配饰不宜夸张显眼。销售员必须清楚自己卖的是什么，以免出现顾客询问装饰物价钱的尴尬局面。

将名、优、特、新的服装产品，摆放在老产品的附近，也能产生一种相互映衬的效果。这样做的目的是暗示顾客这一展区的产品都不错。

6. 模特展示法

除部分传统款式如衬衣等，对于大多数时装，销售员都可以采用直接向顾客展示效果的方法即模特穿戴展示法，进行销售。顾客看到漂亮的展示，就会认为自己穿上这件服装也会如此漂亮，这就会给他们带来一种难以抗拒的购买欲望。除了通过常见的人台、假人模特展示外，在条件允许时，店铺也可用漂亮的销售员充当模特，让顾客能够更加直观地看到服饰的上身效果。

7. 效果应用法

顾客进店看到的首先是一种整体效果，这种整体效果仅仅靠服装款式本身是不能够形成的，而是需要其他的很多相关因素共同烘托映衬。如播放音乐、照射灯光、放映录像等，这种烘托手段可以给顾客带来好心情，促进交易的达成。

8. 曲径通幽法

古人有"曲径通幽处，禅房花木深"的美妙诗句，销售员要借鉴这种意境，在店铺陈列上，下一些功夫，精心布置，吸引顾客在店中徜徉。对于纵深型的店铺，销售员可以将通道设计成 S 形，使其不断向内延伸。对于方矩形店铺，销售员则可以利用货架的安排，使顾客在场地内多转几圈，避免出现进店后"一览无余"立刻掉头便走的情形。

销售培训师不仅要要求新员工掌握服装陈列的方法，还应要求新员工了解服装陈列的几种方式，并把这几种方式灵活运用到工作中，下面介绍四种常用的陈列方式，如图 6-5 所示。

图 6-5　服装陈列的四种方式

1. 层次陈列式

采用层次陈列式的展示方法，销售员可以让顾客更好地了解款式和品牌对应的年龄消费层，销售员可以通过层次陈列法表现出各自不同的效果，充分体现色彩语言的巧妙运用。使用这种陈列方式时，销售员应注意不要把色系分得太死板，要协调好店铺的左右冷暖色调，对于色调不足的地方，可以加入灯光进行补充。

2. 凸显陈列式

凸显陈列式是销售员利用橱窗展示，突出表现要重点推荐的服装款式的一种陈列方法。采用这种方法时，销售员所使用的道具要在造型上能够表现适用对象的形态特点，贴近顾客的日常生活，这样做能够有效地勾起顾客的想象，激发他们的购买欲望。

3. 主题陈列式

销售员采用主题陈列法的目的，是为了宣扬品牌独特的设计理念，其重要性仅次于凸显陈列法。在操作过程中，销售员可以运用与凸显陈列法相结合的方式来使用。主题陈列法在橱窗陈列当中体现的形式有多种，销售员要结合不同的季节、不同的陈列主题做调整，从而保证其给顾客带来一种视觉冲击，使他们有所触动，进而产生购买欲。

4. 生活方式陈列式

生活方式陈列式是销售员通过道具在陈列橱窗中模仿顾客生活方式的陈列方法。例如，在进行儿童服装陈列时，销售员可以利用道具模仿儿童在生活当中各种可爱的造型。这种生活化的橱窗陈列方式能够充分体现出销售员的设计创新点，对于道具的选用与场景的设计要求较高，要求销售员在进行陈列方案设计的时候必须提前对道具与场景进行必要的设计，这种符合生活实际的展示能够让陈列更加具有活力与生命力。

为营造服饰展示效果气氛，销售员应在实际操作中充分展现服装产品展示的辅助作用，展示空间要合理、顺畅，要有很强的引导性。在有关陈列的培训内容上，销售培训师不仅要通过言传身教向销售员介绍陈列的方式、方法和技巧，还要亲自示范，让销售员自己动手做陈列展示，根据其陈列布置效果，指导其中的不足，直到陈列符合标准为止。

以上是有关服装陈列的相关知识,希望能给门店培训师们提供一些帮助。

第7章　日常带教：会管理、能激励

为了让新人尽快融入销售团队，了解销售团队的运作以及相关产品知识，销售培训师需要为新人做好"传、帮、带"的工作。我常对培训师说的一句话就是："想带好新人，就必须会管理、能激励。"

具体来说，培训师在日常带教过程中，要熟练掌握以下几项技术。

7.1　"二拍一"技术

"二拍一"技术是指在销售过程中，两人合作做一笔生意，其中一人主导，另一人协作。在销售实际中，两名导购员共同为一名顾客服务，实际上就属于"二拍一"的合作范畴了。

值得注意的是，在"二拍一"时，销售员要保证分工明确，不能总是围着一个顾客转，甚至把顾客包围起来，这样做会让顾客反感。另外，在顾客成功下单后，销售员也不能斤斤计较订单成功归功谁，这样做也是不可取的。

那么，我们在什么时候必须使用"二拍一"技术？下面，我来介绍几个具体场景。

场景一：

在一家销售品牌男装的门店里，一位男士走了进来，在店里挑选衣服，选了很久，但却一直没有挑到合适的。

在这种只有一位顾客单独购物的场景下，销售员一定要把握好机会，因为这时的成交率是最高的。此时导购员应立刻使用"二拍一"的方法，联合其他销售员一起提供服务，比如一位销售员负责询问顾客需求，另一位立刻寻找出相应的商品。

当发现顾客开始关注某件衣服时，一位销售员就可以说："您眼光真好，这款衣服是刚到店的新款，也是今年的流行款，特别符合您的气质，您要不要试试？"另一个销售员则可以在一旁附和，目的就是要让顾客先试穿，只有试穿了才会有成交的可能。

当一位销售员去找相应商品时，另一位销售员不应冷落顾客，而应该向顾客介绍其他商品情况，增加顾客的购买欲望。顾客在试穿的时候，一位销售员可以帮助顾客试穿，另一位销售员则应在一旁附和，一起来说服顾客。如果交易成功了，销售员也不应立刻解散，而是应该一位去开小票，另一位帮顾客把商品打包，陪伴顾客等待小票。这才是一次完美的"二拍一"全过程。

场景二：

在女装门店中，两位顾客在一同挑选衣服。

当进来两位顾客时，销售首先要仔细观察她们的行为以及她们的谈话，要看出是两位顾客都在选衣服，还是一位顾客在选，另一位在陪同。如果是两位都想买衣服，那么，销售员对两人都要重点对待，最好由三个销售员同时应对；如果其中一位是陪同的，那么，销售员对有意向买衣服的人服务就可以了，但是也不能完全忽视陪同的顾客。对于具体的销售流程，销售员要参考情景一，不过要同时兼顾好两位顾客。

陪同的顾客是潜在的顾客。销售员在进行销售时不应冷落每一个顾客，即使顾客明确表明了不买的意愿，销售员仍要热情服务，给潜在顾客一个好的印象。

"二拍一"技术是在门店销售中经常被用到的技术，是销售员必须要掌握的销售技能。因此，培训师要通过情景训练的方式对销售员进行培训，让他们对这项技术尽快理解掌握，并熟练运用。

7.2　销售员销售力分析技术

一家企业销售员销售力的强弱，不仅体现了该企业经营业绩的好坏，更重要的是体现了这个企业是否有一套完善的人才引入和人才培养机制。因此，销售员销售力对企业来说十分重要，对销售员的销售力进行分析的技术是需要培训师掌握的。

销售员销售力分析技术，是指培训师通过测量每个销售员在范围大小不同、销售潜力不同的区域内的销售能力，计算在各种可能的销售人员规模下，企业的总销售额及投资报酬率，以确定销售人员规模的方法。

销售培训师在分析销售员销售力时，通常应该遵循以下几个步骤。

1. 测定销售人员在不同的销售潜力区域内的销售能力

销售潜力不同，销售人员的销售绩效也不相同。销售潜力高的区域，销售人员的销售绩效也高。但是，销售绩效的增加与销售潜力的增加并非同步，前者往往跟不上后者。

例如，某企业的销售员在具有全国 1%销售潜力的区域内，其销售绩效为 16 万元；而在具有全国 5%销售潜力的区域内，其销售绩效为 20 万元，即每 1%平均绩效仅为 4 万元。这样看来，显然前者的销售能力更强。因此，培训师必须通过调查，测定各种可能的销售潜力下销售人员的销售能力。

2. 计算在各种可能的销售人员规模下企业的总销售额

计算公式为：企业总销售额=每人销售额×销售人员数

例如，企业为其全国范围内的门店配备了 100 位销售人员。为使每位销售人员的销售条件相同，企业的培训师可将全国分成 100 块具有相当销售潜力的区域，每块具有全国 1%的销售潜力。若每个销售员的平均销售绩效为 16 万元，依以上公式计算可得，该企业的总销售额为：16×100=1 600（万元）。

以此类推，企业若为其全国门店配备了 20 位销售员，即可将全国分成 20 块具有相当销售潜力的区域，每块具有全国的 5%的销售潜力。若每个销售员的平均销售绩效为 20 万元。依公式计算可得，该公司的总销售额为：20×20=400（万元）。

由此，我们可以根据各种可能的销售人员规模，测算出每个销售人员在不同销售潜力的区域内的销售绩效，从而计算出各种可能的销售人员规模的总销售额。

3. 根据投资报酬率确定最佳销售人员规模

利用各种销售人员规模的总销售额（即销售收入）和各种相应情况的销售成本和投资情况，我们可计算各种销售人员规模的投资报酬率。计算公式为：投资报酬率=（销售收入销售成本）/投资额。哪一种销售人员规模的投资报酬率最高，哪种销售人员规模即为最佳销售人员规模。

表 7-1 是某企业的销售培训师对门店销售员销售力的分析表，它主要统计了销售员的月销售金额、销售数量、开单数等，并与前一个月形成对比，以此来分析销售员的销售力。培训师可以此为模板，来设计符合自己情况的销售能力分析表。

表 7-1　某门店某月份员工销售力分析表

门店名称	A 店					A 店汇总
销售员	店长	李四	张三	王六	郑五	
出勤天数	27	27	27	22	25	
目标	400 000	100 000	100 000	100 000	100 000	400 000
销售金额	680	111 020	105 734	91 870	108 807	417 431
贡献达标率	0%	27%	25%	22%	26%	104%
新品销售	680	85 861	80 612	51 253	62 329	280 055
日货销售	0	25 159	5122	10 617	16 478	57 376
新品占比	100%	77%	76%	56%	57%	67%
销售数量	1	87	55	53	60	256
开单数	1	45	39	28	39	151
件单价	680	2 467	2 711	3 281	2 790	2 764
客单价	680	2 467	2 711	3 281	2 790	2 764
连售率	1.0	1.9	1.4	1.9	1.5	1.4
上月销售		120 314	112 546	105 725	123 343	461 928
环比		–8%	–6%	–13%	–12%	–10%
VIP 单数		33	24	21	30	108
VIP 单数占比		73%	62%	75%	77%	77%
备　注						

7.3　智能排班技术

排班是每个企业都有的工作。有些人认为排班是一项很简单的工作，但实际上并非如此。排班其实是一项极为考验培训师综合统筹安排能力的工作，培训师通常要全面考虑各方面的因素，才能将这项工作做好，如果遗漏了其中一些因素，就可能出现一些问题。因此，培训师在为销售员排班时，可以采用智能排班技术。

采用智能排班，培训师要将合适的销售员，在适当的时候放置在适当的岗位上，他们的职业才能得到最大限度的发挥，能够确保门店有足够的人手完成预定工作任务，并提供高品质的顾客服务，能够有效地控制人工成本，优化人力资源配置，提高工作效率和士气。

智能排班可以降低门店成本，提高销售员满意度，同时还能增强他们的归属感。特别是对于销售员较多的门店来说，排一个合理有效的班次，对于整体的销售业绩提升都会有一定的帮助。

那么，培训师应如何做到智能排班？在排班时培训师应该注意的问题有以下几点。

1. 根据人流量大小时间段分批排班

在促销活动、节假日等人流量大的时间段，培训师应该多安排一些销售员。

2. 新老员工搭配

新员工刚来，对门店的情况、各商品的情况都不够了解，因此在排班的时候，培训师就要为他们搭配一位经验丰富、处事沉稳的老员工，为他们提供指导帮助。

3. 工作表现积极的销售员与表现相对较差的销售员搭配

这种搭配一方面可以以先进带动后进，让优秀的销售员起到榜样的作用，感染和影响后进员工提高执行力，形成潜在竞争机制；另一方面也让较差的销售员认识到自己的不足，逐步端正态度，提高工作积极性，督促自身自觉进步。

4. 不宜将有老乡、同学关系的销售员安排在一起

老乡、同学关系的销售员关系密切，容易在工作中出现互相包庇的行为，也会增加销售员在上班时间聊天嬉闹的概率。

5. 不宜将两位平时表现都好或者都不好的销售员安排在一起

将两位表现好的销售员放在一起，会造成资源浪费，无法使他们发挥榜样的作用；将两位表现不好的销售员放在一起工作，门店销售就可能因两人销售技能不强等原因而受到影响。

除了要重点注意以上 5 个问题外，培训师在排班时，还要遵循以下原则。

（1）以顾客服务和销售需要为基础，来安排适时的人力配置。

（2）达到人力配置运作的最大效果，尽量用最少的人力来完成更多的事情。

（3）对所有的销售员均一视同仁，尽可能采取公平的原则。

（4）充分考虑到销售员的独特性及个别性的需要。

（5）适当轮换的原则，要保证销售员早晚班次的合理轮换。

（6）保持排班有一定的弹性及机动性，以便针对特殊情况做出调整。

（7）符合当地劳动法规的要求。

表 7-2　某店铺排班表

星期\日期 员工\班次	周六 1	周日 2	周一 3	周二 4	周三 5	周四 6	周五 7	合计工时
张三	早	早	早	早	晚	休	晚	38
李四	早	早	晚	晚	休	早	早	38
王五	晚	晚	晚	休	晚	晚	早	41
赵六	晚	晚	休	早	早	早	晚	39
合计工时	28	28	20	19	20	19	28	32

表 7-2 是一个比较合理的店铺排班安排表。从表中我们可以看到，这份安排表最大限度地发挥了每个销售员的作用，也保证了每位销售员的休息时间。

在排班完成以后，培训师还要对排班表进行检查确认，确保无误。因为少排一名员工都会对当天的工作造成严重影响，而超员排班则会造成资源的浪费。

7.4　人员激励技术

激励的作用是巨大的，美国哈佛大学教授詹姆士曾在一篇研究报告中指出："实行计时工资的员工仅发挥其能力的 20%～30%，而在受到充分激励时，可发挥至 80%～90%。"员工激励是一种有效的领导方法，它能直接影响员工的价值取向和工作观念，激发员工创造财富和献身事业的热情。下面，我介绍 7 种常用的激励方法，供各位培训师参考。

1. 情感激励

人是感性动物，情感需要是人的最基本的精神需要，因此培训师要舍得对销售员进行情感投资，和销售员建立感情联系，增强与他们在感情上的融合度。情感联系一经确立，销售员就能够和培训师产生共鸣，进而更积极地投入培训中去，认真学习销售技巧，从而使培训效果大幅提升。

2. 赏识激励

社会心理学表明，社会的群体成员都有一种归属心理，都希望自己能得到领导的承认和赏识，成为群体中不可缺少的一员。赏识激励能较好地满足销售员的这种精神需要。对一个有才干、有抱负的销售员来说，奖百元、千元，不如给他一个发挥其才能的机会，使其有所作为。

因此，培训师在培训过程中要知人善任，对有才干的人，都要为其实现自我价值创造尽可能好的条件。肯定性评价也是一种赏识，同样能满足销售员精神需要，强化其团队意识。所以培训师对销售员在培训中的优秀表现，也要及时地给予肯定的评价。

3. 主题活动法

根据企业销售员年轻、思想活跃、追求进步的特点，培训师在培训中可以开展不同的主题活动，比如，岗位技能大赛、情景模拟比赛等，通过各种活动激励他们参与到集体中来，以此达到激励的目的。灵活多变的主题活动可以引导销售员在培训中好学上进、展示自我，从而产生集体向心力和凝聚力。

4. 多设标兵法

拿破仑说过："每个士兵的背包里，都有元帅的手杖。"每个销售员都有自己的特长，培训师在培训中可以通过设立不同的标兵，比如设立突出进步标兵、爱岗敬业标兵等，鼓励每个销售员都将自己的特长发挥出来，不断取得进步。

5. 心理疏导法

培训活动是企业的硬性要求，因为时间紧迫，可能会占用销售员的休息时间，这就有可能引起销售员的不满情绪。当销售员出现这种不满情绪时，培训师要对其进行及时的疏导，并把培训所带来的好处告诉他们。培训师要倾听销售员的心声，消除他们心中的怨气，拉近与他们之间的距离，保证培训工作的顺利进行。

6. 物质激励法

能够看得见摸得着的物质奖励，是最直接的激励销售员的方法。在培训中，培训师对于表现较好的销售员要给予物质上的奖励，比如五天免费旅游奖励、调薪等。除此之外，培训师还可以根据实际情况，向企业领导申请，采取利润分享制度，即把企业每年所赚的利润，按一定的比例分配给销售员。

企业的利润越高，销售员的分成就越多，从而让他们明白"大河有水，小河不干"的道理，这样做既可让销售员积极参与培训，还能促使销售员在以后的工作中更加努力，为企业创造更多的利润，也为自己创造更多的业绩。

7. 形象激励法

形象激励就是充分利用视觉形象的作用，激发销售员的荣誉感、成就感与自豪感，这也是一种行之有效的激励方法。通常的做法是，培训师将在培训中表现优秀的销售员照片贴上光荣榜、刊登在企业内部报刊等，此举不但能使销售员本人受到鼓舞，而且也能让更多的销售员受到激励。

以上几种激励方法都是最常见的，也是我在培训活动中经常向企业的销售培训师所讲授的。只要培训师掌握了这些激励方法，就可以在培训销售员时，提高培训的成功率。

7.5 功能小组技术

培训师采用店铺功能小组技术，就是要先将门店的工作按照一定的功能分类，比如将其分成销售管理、商品管理、形象管理等范畴，再结合店铺销售员编制，以分组或分职能等方式安排销售员分工，使他们完成相应的工作。

一般来说，功能小组大致可以分为销售（服务）类、商品类、店铺运营类、形象管理类、财务类、仓库管理类，不过这种分类不是固定的，培训练可根据实际的情况具体制订，图 7-1 就是某家门店的功能小组分类示意图。

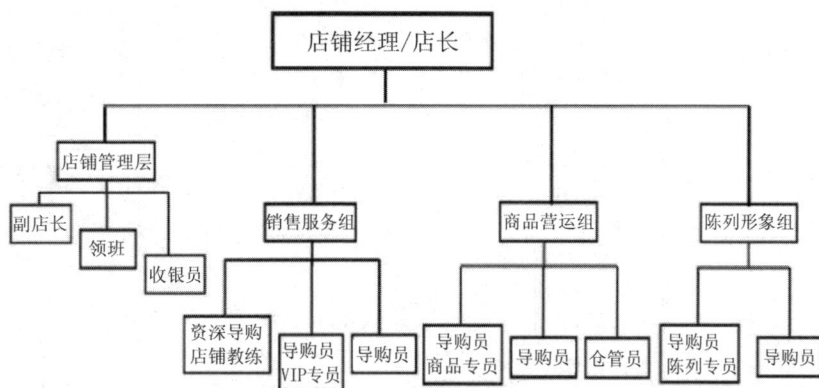

图 7-1　门店功能小组分布图

具体来说，销售营运小组负责销售目标分解、销售排名统计及更新进度表、VIP 资料更新及管理、店铺游戏设计、顾客售后服务跟进等任务，这些任务需要店助自身导购来完成。

形象陈列小组负责同事仪容仪表检查、橱窗和卖场陈列重点维护、店铺整体氛围的维护等。

商品营运组负责销售账款管理、商品账务管理、营运物料补充等，同时兼具收银的任务。

我再用一个具体的案例来阐释功能小组的工作模式。

表 7-3 是某门店在新货上市前、中、后各个时期功能小组具体的工作职责表。从表中，我们可以看到，该店铺功能小组的分工非常细致，也非常明确。采用这种模式使该店铺大大提高了管理效率，其上新时的销售额也比以往高了两成左右。

表 7-3 　某店铺新货上市前中后时期功能小组职责分工

	负责人	商品组	形象组	服务组
新货上市 前	王×× 郑××	确定新货到店时间、数量 计划上市货品的品类结构分析 根据店铺级别配发 SKU 数量 过节货品的整理收仓 分波段货品的上市计划，宣传物料的补货	根据新款到店做好商品陈列搭配 根据季节及重要节假日做好橱窗陈列更换 新款宣传海报及物料的陈列更换	根据新款到店时间预估整理过季货品退货 整理收拾仓储，预留新品存放位置 协助商品部门，配发货品
新货上市 中	王×× 郑××	主推产品的销售情况分析，及时做好畅滞销货品分析 及时补齐卖断货品，检查货品回货情况 做好店铺间货调拨，提升货品周转率 调查竞争对手商品信息，不定期汇报 建议陈列组根据卖场情况合理陈列 SKU 根据货品生命周期，单款售罄及时调整、促销、激励方案 进、出仓货品出、入库登记	根据新款到店做好 POP 形象宣传 熟悉新款商品知识、FAB、USP 等卖点 根据天气变化做到"见风使舵" 与服务组沟通，共同做针对性商品推广	根据商品特点，设计促销用语 淡场时带动现场销售氛围 顾客异议及投诉处理 对新品做服务八部曲演练
新货上市 后	王×× 郑××	根据畅滞销款分析报表，及时整合货品结构 手机商品顾客反馈信息上传总部商品企划部门 做好季末货品助销	根据商品畅滞销报表，做相应陈列调动 根据商品销售情况，建议商品及时补、退货 提供市场同行业陈列信息，不定期反馈到总部	协助商品组货品调拨 协助过季货品促销销售，制订激励方案 提交服务改善建议书

图 7-2 所示是每个功能小组每天的作业标准和重点时机的工作标准。从图中，我们可以看出，在新货上市、VIP 预约销售、换季清货、促销活动等活动当中，服务组的工作量是比较大的，标准也比较高的；形象组的工作任务和服务组在某部分是重合的；商品组所负责的工作任务不是很多，标准相对较低。各组之间相互配合，共同为店铺做贡献。

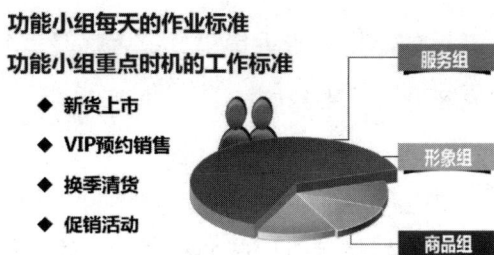

图 7-2　某店铺功能小组每天的作业标准

一个人无法同时兼顾做好几件事情，但一个团队的不同人员却可以根据功能分类，统筹兼顾，高效运作。通过不同的功能组承担不同的运营工作，能够充分发挥企业成员的特长和优势，大大提高企业工作效率。培训师要熟练把握建立功能组的方法，一方面发挥销售员潜力，批量培养骨干人才，另一方面为企业打造有专业能力的管理团队。

7.6　店铺游戏技术

在店内适当地开展一些游戏活动，也是培训师要做的工作。它可以缓解销售员的疲劳，让销售员在繁忙的工作后得到适当的放松，达到劳逸结合的目的。而且适当的店铺游戏，还可以让店铺更有活力、更有热烈氛围，能够提升销售员之间的感情，增进团结，提升行动力。

下面，我来重点介绍两款适合店铺销售员的游戏，供培训师们参考。

游戏一：抱团打天下

目的：反映协作能力

操作：

让全体销售员肩膀搭肩膀围成一圈或站成一排，培训师站在台中。

游戏规则：当培训师说"3"，大家就要迅速凑成 3 人的组合，这 3 个人要抱得紧紧的，不许外来人员侵入。每次都被挤出局的人算作被淘汰，站在一边。

几轮之后，培训师要请出局的和未出局的人谈一下感想。最后，培训师要适时总结出游戏后的感悟，告诉销售员门店就像一个大家庭，大家只有团结协作才能把家经营得越来越好。

游戏二：风中劲草

目的：让销售员感受到信赖对团队的重要性，体会信任是如何在团队中建立的

参加人数：全体学员，8人一组为最佳

游戏时间：15~20分钟

场地要求：空地

操作：

首先培训师做"草"，示范一次，即让销售员围成一个向心圆，"草"（培训师）则站在圆中央。在大家都准备好后，"草"就要倒下，周围的人要接住他。

在倒下时，"草"要闭上眼睛，身体绷直地倒下去，在倒的整个过程中，不能移动脚或双腿分开。在倒下之前，"草"要问："我要倒下去了，你们准备好了没有？"当全体团队成员回答"准备好了"时，"草"可以选择朝任何方向倒下去。"草"倒向哪个方向，站在哪个方向的销售员就要在"草"即将要倒在自己身上时，伸出双手把"草"轻轻推向另一个任意方向，注意用力不要太猛。

培训师做完了示范之后，让小组的成员开始做此游戏。每个人都要做一次"草"。

相关讨论：在这个游戏中你感觉到什么？你是第几个做"草"的，为什么是/不是第一个？

在游戏中最难的地方是哪里，下次你会怎样改进？

你感觉团队的合作精神怎样，是否对其他同事有信任感？

引导方向：

销售员只有完全信任所有人，并且内心不会感到恐惧时，才会倒下去。如果有先例表明其实倒下去是安全的（比如先尝试的人没有受伤），那销售员自己就会克服恐惧，也愿意试一试。

这个游戏可以增进销售员之间的相互信任，增强集体的情感联系。

玩游戏既可以让销售员放松心情，也可以让销售员明白更多道理，提升销售员之间的默契度、沟通能力、团结能力等。这两款游戏都是店铺销售员常接触的游戏。培训师可以根据实际情况，对其灵活运用，也可以尝试更多有趣的游戏。

7.7　淡旺场带教技术

因季节、假期和时间段等原因，门店的经营会出现淡旺场的状况。在这种特殊状况下，培训师怎么才能让门店的经营更高效？针对淡旺场可能出现的问题，我总结出了相对应的策略及改善方案，希望能够给门店培训师们一些启发，帮助大家实现门店的标准化经营。

淡旺场的不同，策略也就不尽相同。

1. 旺场策略

（1）人员及区位的合理分配

对于服务热情的销售员，培训师要将他们放在热门区域。对于核心区域点如试衣间、收银台、仓库等，培训师也要安排足够的人手看管。

（2）快速销售法

培训师要培养销售员的快速销售能力，以提高旺季时的成单效率。要使销售员能做到对店铺销售排名前十名商品迅速切入，对其所属区域、系列、设计元素、卖点等了如指掌，能够对每位顾客，做到快速介绍商品，快速出单。

（3）"接一顾二招呼三"

当顾客太多时，销售员就要做到"接一顾二招呼三"，即手中接待先来者，目光照顾次来者，嘴里招呼后来者。"接一顾二招呼三"的方式能让顾客时刻感受到销售员的热情服务，使顾客皆能满意，争取最大的销售机会。

（4）人员全场监控调整

旺场时门店顾客比较多，难免有销售员监控不到的地方，这时销售员就要做出相应调整。一方面使门店摄像头能监控门店的各个区域，对于重点区域实行重点监控，另一方面也要加强人手，提高销售员的防范意识。

（5）维持卖场氛围

当顾客较多时，要使用节奏强快的音乐，带动全场气氛。

（6）"四快"：眼快、手快、脚快、脑快

在旺场时，销售员要做到"四快"，即眼快、手快、脚快、脑快。销售员要充分调动自己的动手能力和反映能力，努力顾及每位顾客，同时也要做到从容不迫，应对自如。

（7）防损的意识

在顾客比较多的时候，商品的受损率就上升了。降低商品的受损率也是销售员必须要做到的。因此，培训师在培训时就要提高销售员的防损意识，保证商品的完整度。

（8）加快收银工作

在旺场时，门店的顾客较多，收银员也应加快速度，减少顾客等待时间。在整个买单的过程中，收银员应时刻注意动作的连贯性和协调性，合理利用时间，比如在问候顾客的同时，根据其商品数量选择适当的购物袋，边扫描边装袋，保证动作连贯。

（9）及时补货

培训师要提醒销售员，根据销售情况合理控制库存，尽量准确预测货品的销售走势，既要及时补充畅销货品，又要减少滞销货品的积压。

（10）陈列跟进

培训师要培养销售员对市场流行趋势的敏感度，教会他们根据市场流行的趋向，合理选择陈列商品。

（11）激励机制（成单量最多）

关于激励，上面的 7.4 小节中已经提到了，在这就不再赘述。

2. 淡场策略

（1）延长顾客在店时间

在顾客比较少的时候，每一位顾客都是稀缺资源，销售员要做的就是服务好顾客，争取让顾客在店里多待一些时间，提高成交率。顾客每在店铺多停留 1 分钟，成单的可能就高了一分。

（2）做大单，提高客单价

有时，一张大单就能胜过好几张小的客单。由于淡场时顾客比较少，销售员就一定要争取大单的成交率，提高客单价，这样也能为店铺带来收益。

（3）顾客截留

顾客截留的方式可以帮助销售员在淡场时吸引顾客进店，保证店铺内的客流量。常用的顾客截留方式有：店铺外截留、楼层截留、区域截留、专门联系 VIP 顾客为其定制服务等。

总之，不管是淡场还是旺场，培训师一定要加强销售员之间的配合，使大家团结协作，共同为提升门店效益努力。

7.8 例 会 技 术

定期的例会可以加强企业销售团队的沟通与合作，提高销售团队完成工作目标的效率，追踪各部门工作进度，为销售员提出建设性意见提供平台等。因此企业的培训师们一定要重视例会，会开例会。

有效地组织例会是培训师作为一个管理者、培训者必须掌握的"基本功"，是培训师必须要做的一门"功课"。要想有效地召开例会，培训师需要明确以下 6 个关键点，如图 7-3 所示。

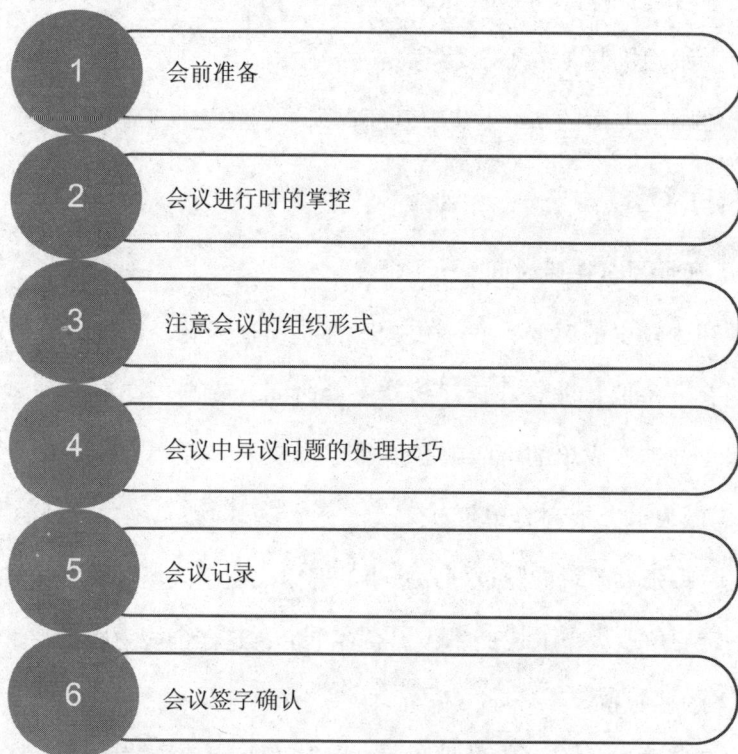

1 会前准备

2 会议进行时的掌控

3 注意会议的组织形式

4 会议中异议问题的处理技巧

5 会议记录

6 会议签字确认

图 7-3 召开例会的注意事项

1. 会前准备

"凡事预则立，不预则废"。要想有效地组织和召开例会，培训师必须在例会前做好充分的准备，不打无准备之仗。培训师在例会前的准备工作有以下几个方面。

（1）例会的主要议题

培训师在召开例会时，首先要明确该次例会要解决哪些问题，是探讨和分析未来市场流行趋向，还是回顾以往的工作成果；是借例会激发团队智慧，还是"诊断市场"借以解决遗留问题。只有确定了例会的议题，培训师才能保证例会具有针对性。在明确了主要议题之后，培训师在召开例会的过程中才能够条理清晰，顺利解决问题。

（2）例会的召开时间和地点

培训师要在召开例会时，充分考虑各方人员的情况，所确定的时间和地点都要合适，要尽量保证全体销售员都能按时参加例会。

（3）必要的会议资料和设备

在例会举行之前，培训师要把所需的销售报表、月度总结、各种表格等资料以及投影仪、记录本等设备工具准备齐全，并检查设备是否完好，避免出现由于缺少设备而使会议推迟或中断的情况。

销售培训师只有做好了以上的准备工作，才能在举行例会时胸有成竹，避免因为准备不充分而导致例会效果受到影响。

2．会议进行时的掌控

有了充足的准备还不够，培训师在例会中的表现也是影响例会效果的重要因素。例会的内容一般包括当月销售目标达成情况及其分析、次月销售目标的分解与下达、市场竞品表现及其趋势分析、次月销售政策的制订和宣传引导、当月及次月奖惩措施或结果的公布，以及销售员间的互动、沟通，比如成功经验分享等。

根据例会的内容，在正式的例会开始后，培训师还必须在会场做好以下两项工作。

（1）把握好例会召开的时间

根据内容和目的的不同，培训师可以分阶段召开例会，但每一场会议的时间最好不要超过 1 个小时。因为过了 1 个小时后，人的注意力会逐渐分散，会议的质量与效果就会下降。

（2）会议内容要简明扼要、切中要害

例会的议题要与销售员的利益息息相关，要是销售员关心和重视的。简明扼要、切中要害的会议内容能够使销售员集中注意力，使会议内容的上传下达都更加顺畅。

培训师在会议进行中熟练地掌控全场，可以更有效地把整个例会推向高潮，促进例会顺利完成。

3. 注意会议的组织形式

有些例会之所以不受欢迎，除了主题不明、内容冗杂外，也与死气沉沉的会场气氛、一言堂式的会议形式有关。因此，培训师要想有效地召开例会，就要注重会议的互动性。在会议过程中，培训师要注意调动现场销售员的积极性，让每位销售员共同参与，可以用每人述职、提建议的方式，让大家都能感受到参与的乐趣。

4. 会议中异议问题的处理技巧

培训师还必须具备一项重要技能，这项技能就是控制场面的技能。培训师要能巧妙地处理会议中的突发状况。比如当在会议中出现了有人持不同意见、有人交头接耳、有人打瞌睡或是大多数人保持沉默的状况时，培训师应该怎么处理，这些都需要培训师提前考虑到并做好相应准备。

5. 会议记录

培训师一定要安排专人记录会议内容，保证以后在有疑问时有据可查。一份完整的会议记录包括以下几点内容：会议的主题，即会议要传达的主题思想；会议的时间，即会议举行的日期、时间；会议的地点，即会议的具体位置；出席人员，即与会议相关的当事人或者旁听者；例会的议题，即例会所宣传引导和传达的主要内容；会议决议，即会议所达成的决定和共识等。

6. 会议签字确认

很多例会之所以没有效果，有时并不是因为内容不好，而是因为会议议题虽然非常精彩，但例会中所提及的内容、确定的事项并没有人跟踪与落实。因此，要想使例会有效果，销售培训师就必须懂得在会后"秋后算账"。

例会结束后，培训师一定要让参加会议的所有销售员对会议纪要进行签字确认。会议纪要即会议所达成的共识和纲领，它一般包括达成事项、完成时间、责任人、考核标准等内容。培训师只有让参加例会的销售员签字，才能使会议内容更有约束力，从而对销售员产生鞭策和督促的作用，推动会议内容的有效落实。

最后，培训师在落实会议内容时，一定要保证严肃认真，贯彻到底，不能有丝毫的马虎懈怠，不能虎头蛇尾，坚决杜绝"光打雷不下雨"或"雷声大，雨点小"的"半截子"工程。培训师只有根据例会中的决议对销售员进行合理奖惩，才能使以后所开的例会越来越受到重视，使例会更有效果。

有效的例会不仅会让销售团队富有效率、充满激情，而且也便于销售团队制订的方针政策能被更迅速准确地传达。因此，例会有效召开，对于凝聚团队士气、提升团队的执行力有着至关重要的作用。销售培训师一定要掌握例会技术，为规范销售管理奠定基础。

7.9　场区分工技术

门店场区位置的规划和利用是很重要的。因为销售员只有使门店的区域划分与品牌的推广、营销策略相符合，才能向顾客准确传达出商家的经营理念和优惠政策，让顾客感觉舒服，愿意进店选择商品。一个区域设置完整的门店一般分为导入区、销售区、休息区和服务区，如图7-4所示。

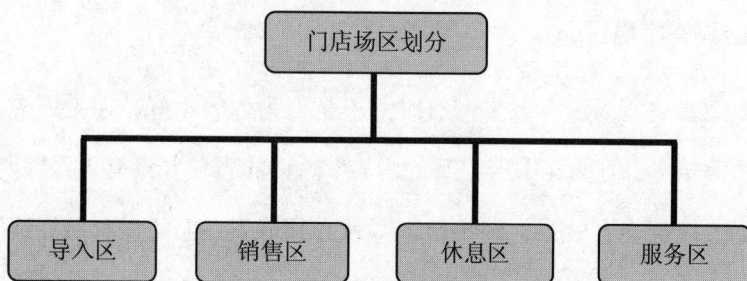

图7-4　门店场区划分结构

1. 导入区

导入区一般指的是门店最前端的橱窗、头档流水台等。这个区域一般是顾客最先看到的区域。它能向顾客快速展示店铺内商品的风格、最新资讯及商品的营销信息，代表了店铺的"门面"，能给顾客留下良好的第一印象。因此销售员要将导入区的亮度设得更高，保证陈列的货品色彩明艳，以吸引顾客的眼球，给顾客留下深刻印象，从而提升顾客的进店率。

2. 销售区

销售区一般处在门店中部，是门店的货架、高柜、中岛柜等所在的区域。顾客在这些区域停留时间最长，因此它是门店的核心区域。根据顾客关注程度的不同，销售区可进一步细分为靓区、A区、B区等。

靓区为黄金区，是顾客关注度最高的区域，通常指的是流水台及靠近店铺门口两侧的第一组货架。它是顾客最先看到或走到的区域，因此会被顾客的最先关注，对应地，销售员应该在这个区域内陈列应季流行款、主推款、新品或形象款等。

A 区位于门店中部，它包括门店中岛、货架、高柜等，适合陈列库存量较大的款式，比如大众经典款、次新款等。

B 区指位于门店后部、顾客到达概率较低或常被顾客忽略的区域。该区域适合陈列易于识别的款式或色彩鲜艳的货品。

3. 休息区

休息区是门店为顾客提供的临时休息的区域。如果门店是服装店，那么，休息区通常被设置在靠近试衣间的位置，或者靠近镜子的位置，其间一般要放置沙发、茶几、杂志、画册、POP、饮品等。

销售员在门店中设置休息区的目的并不单单是为了让顾客和其同伴歇脚，更是为了向顾客充分展示品牌形象，方便向其再次推荐商品。

销售员在设置休息区时，一定要考虑到门店的定位，尤其对于一些高端品牌，或者店铺面积比较大的门店，其顾客通常都是有着高端生活品位的群体，所以，这种店铺的休息区就一定要体现出高端的特点，使顾客感受到被尊重。

4. 服务区

服务区是门店的后勤区域，对于服装店来说，其服务区一般由收银台、试衣间和仓库构成。

试衣间是顾客通过试衣决定是否购买的场所，常设于门店后部。这样设置会使顾客在去试衣间的过程中必须穿过门店，提升了顾客在店铺的深度接触率，增加了顾客二次消费的可能性。

收银台是销售环节的终点，也是培养顾客忠诚度的起点。收银台一般被设置在店铺的后部，与试衣间距离较近，可以方便顾客试完服装立刻结账。

仓库是门店不可或缺的一个部分，能够方便销售员及时拿取货品。

导入区、销售区、休息区和服务区的划分方式是大多数终端门店的区域划分模式。而这样的划分方式因为充分满足了顾客在门店浏览时的各种需求，所以是比较合理的。培训师在对销售员进行带教时，一定要传授他们场区分工技术，使他们把门店中的每一块区域都利用起来，争取不留死角。

7.10 动线规划技术

门店动线就是顾客在门店里的行进路线。一个好的门店动线对门店的销售业绩有非常重要的促进作用。

那么，培训师该如何指导销售员规划门店动线？我曾为一家店铺规划过门店动线。这家店铺约有 60 平方米，之前其内部规划很不合理，经常因为销售员照顾不周而导致顾客拥挤，也给偷窃提供了可乘之机。

我经过实地考察，建议该门店的经理根据门店的结构特点，在店门左侧设置一个玻璃柜台，以其作为卷烟专区，同时在玻璃柜台后设置一个固定的卷烟展示专柜。这个柜台既可用于展示零包卷烟，又能作为收银台使用，使顾客不管是平视，还是俯视，都能很快找到自己需要的卷烟。

另外，我建议在门的右侧摆放一个茶几和几个小凳子，方便顾客休息和洽谈业务。对于后面的剩余空间，我建议把三面墙壁装修成固定货柜，在中间区域放置双面超市货架，货架按照前低后高、三面高中间低的层次展开。

经过重新设计，店铺的动线被设计成了"回"字形的循环通道，形成了一条顺畅的流动路线，避免了原来人流拥挤的局面，也方便了顾客取拿商品。

调整后，门店内的客流就顺畅多了，顾客购买物品更加方便，再也没有了被堵在门外的顾客，门店内的客流量进一步增加。同时因为设计后的商品陈列有序，客人不断询问商品在哪里的情况也几乎没有了。现在顾客进得来、看得到、拿得着，门店销售业绩自然也就提升了。

这个案例充分展现出了良好的店铺动线规划的作用。那么培训师在辅导销售员进行店铺动线规划时应注意哪些问题？一般来说，在规划门店动线的时候，培训师不必过分追求整齐划一，因为设计门店动线的目的既是为了方便顾客找到货物，也是为了能够让顾客在店中多走几步，增加顾客深入了解其他商品的机会。

根据这些原则，培训师可以把店铺动线设计成"迷宫"状（比如说"回"字形、"之"字形等），如图 7-5 所示，让顾客进店后就像是在"迷宫"里穿行。这样一来，即使店面空间有限，顾客也会走不少路程，在这个过程中，商品就会一一展示在顾客眼前。

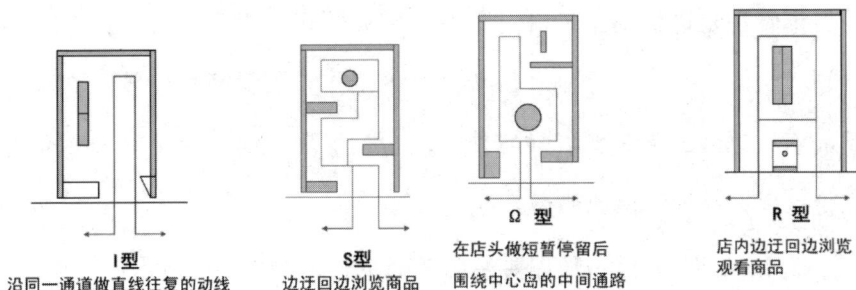

I型
沿同一通道做直线往复的动线

S型
边迂回边浏览商品

Ω型
在店头做短暂停留后围绕中心岛的中间通路

R型
店内边迂回边浏览观看商品

图 7-5　门店动线规划类型

在设计门店动线时，以环绕型动线为佳，同时要避免动线与营业流动线交叉。"井"字形、"回"字形、九宫格形都是动线设计的常见类型。特别是对于一些面积比较小的门店，"回"字形模式一般被应用得较多。

规划门店动线还要遵循以下两个原则。

（1）开放畅通

要能使顾客轻松进出门店，确保主动线与关键位置、功能分区的顺畅连接，保持客流畅通，应尽量减少拐角，不要留有障碍物。除了门店的出入口以外，店内应有一个流动的半封闭形的环状通道。

（2）避免死角

要避免顾客走重复的路。只有能让顾客一次性浏览完门店内的所有产品、不走重复路的动线设计方案才是最佳方案。

其实不管采用什么样的设计，培训师对于动线规划的最终目的还是要方便顾客、吸引顾客，这也是门店所有布置最根本的原则。因此，培训师不应被各种方法蒙蔽双眼，舍本逐末，要根据店铺的实际情况，来进行有针对性的规划，切实提升门店的效益。

7.11　促销管理技术

促销管理是以提高销售额，吸引、刺激顾客消费为目的，采取的一系列计划、组织、领导、控制和协调管理等工作。做促销管理最主要的目的就是吸引、刺激、引导顾客在店铺中消费，提高店铺的营业额、来客数及客单价。那么培训师该如何做好促销管理？

一般来讲，做好促销管理要遵循3个步骤，如图7-6所示。

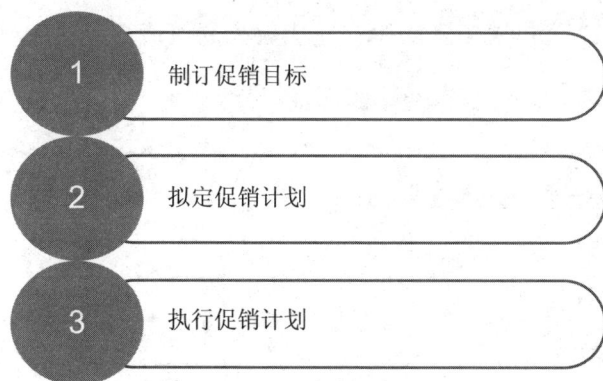

图 7-6　促销管理步骤

第 1 步：制订促销目标

培训师要确定好促销目标。促销目标有很多，需要培训师根据实际情况来定。其中，提高店铺营业额、提高毛利额、提高顾客数量、提高客单价等，都是培训师可以设定的促销目标。

第 2 步：拟定促销计划

培训师要根据想要达到的目标，通过衡量经费、竞争对手店铺的经营状况等因素来拟定促销计划。

第 3 步：执行促销计划

培训师要依据促销方案，对其严格执行。

按照这 3 个步骤来进行，培训师就可以有条不紊地将促销管理工作推进下去。

以上是促销管理工作的 3 个总体步骤，那么，具体来说，培训师在促销前都要做什么工作？在促销前培训师要准备的工作如图 7-7 所示。

1. 选择好促销时间

培训师在选择促销时间时，应选择那些客流量较大的时间段，比如，周末、节假日、公司周年店庆等一些比较大的、值得纪念的日子。这样做可以使促销的效果获得最大限度地提升。

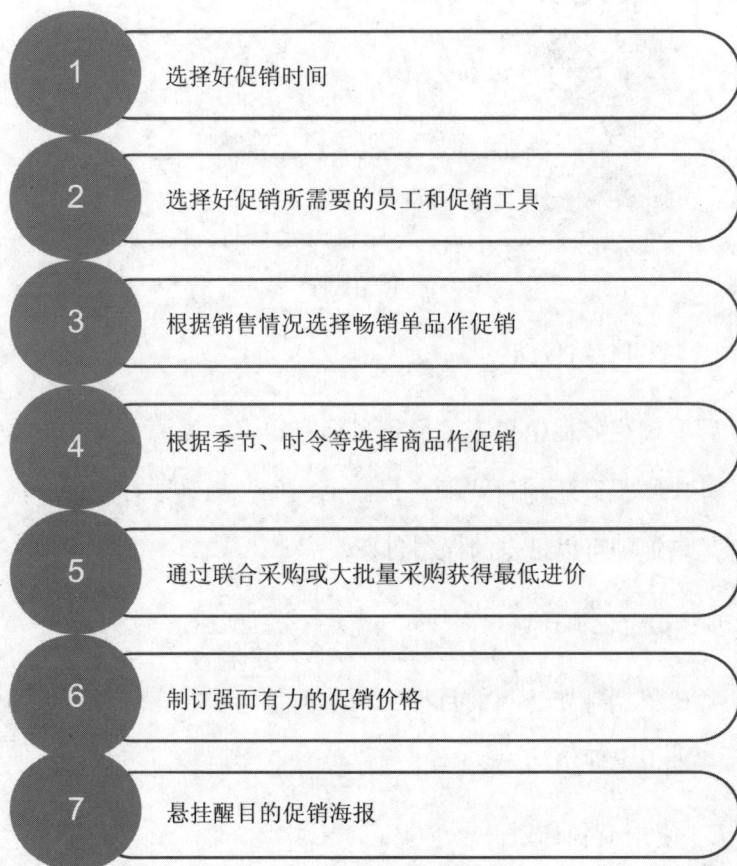

1	选择好促销时间
2	选择好促销所需要的员工和促销工具
3	根据销售情况选择畅销单品作促销
4	根据季节、时令等选择商品作促销
5	通过联合采购或大批量采购获得最低进价
6	制订强而有力的促销价格
7	悬挂醒目的促销海报

图 7-7　促销前的准备工作

2. 选择好做促销工作的销售员和促销工具

为避免促销出现差错，促进促销工作顺利进行，培训师提前为销售员布置好任务，准备好促销用具也是有必要的。

3. 根据销售情况选择畅销单品作促销

选择性价比较好的畅销单品做促销，也是一种提高店铺销售额的十分有效的方法。

4. 根据季节、时令等选择商品作促销

在换季时期，培训师把上一季商品或者把过时令的商品拿来促销，也可以吸引一部分顾客。

5. 通过联合采购或大批量采购获得最低进价

因为促销的商品价格比平时的价格便宜，为了保证商品的利润，门店最好以尽可能低的价格购入促销商品，这样才有机会在促销中仍能获得丰厚利润。

6. 制订有吸引力的促销价格

合理且有吸引力的促销价格提升了商品的促销效果。只有价格有足够的吸引力，顾客在购买时才会更容易接受，才能使促销的商品更受欢迎。

7. 悬挂醒目的促销海报

海报是促销时最常用的工具，也是最有效的工具。销售员在促销时悬挂醒目的海报可以极大地吸引顾客的注意力。

在准备工作做好以后，培训师就可以组织销售员开展促销工作了。在促销过程中，培训师可以采用的促销方法有很多，如赠品、折扣、有奖销售等，如图 7-8 所示。

图 7-8　促销的常用方法

（1）赠品促销

销售员采用赠品促销，可以在顾客购买商品时，以有价物质或服务等方式来提高商品价值进行促销，也可以通过直接的利益刺激达到在短期内增加销量的目的。赠品能直接给顾客带来两种实惠：一种是物质实惠，如果顾客用相同的价钱可以买到更多的同质商品，他自然乐意；一种是精神实惠，顾客在拿到赠品后，会收获愉快的购物体验，进而对品牌有了深刻的印象。这样做有利于增强商品的竞争力，如能被销售员灵活运用到促销活动当中，则能够产生良好的效果。

（2）借势陈列

"好"的陈列和"差"的陈列，对商品销售额的影响是显而易见的。销售员在促销中灵活运用借势陈列，可以有效利用门店的空间，让那些促销商品带动其他非促销商品的销售。

（3）广告促销

店铺与产品厂家在促销过程中一起进行广告宣传，可以借助广告传播的优势，扩大促销的影响面，吸引更多的顾客前来选购。

其实培训师不管采用什么的促销方式，只要能达到提升店铺销售额的目的，就是采用了正确的促销方式。因此，培训师在进行促销管理时，要把握好过程中的每个细节，完善促销前、促销中的全部工作，这样才能使促销达到其应有的作用。

7.12　目视化管理技术

目视化管理技术是指培训师利用一些形象直观而又色彩适宜的视觉感知信息来组织管理活动，提高销售员的工作效率。目视化管理技术以公开化和视觉显示为特征，涵盖了管理学、生理学、社会学等多学科研究成果，能够极大地提升企业的管理效率。

目视化管理的特性一般可以分为 4 类，如图 7-9 所示。

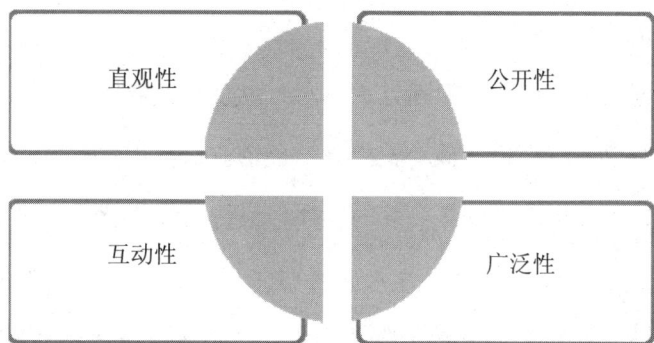

图 7-9　目标化管理的特性

1. 直观性

目视化管理的直观性主要体现在该管理方法的视觉表现效果上。因为培训师在利用目视化管理技术时，就是采用直观具体的形象来直接传达信息，所以直观性也是目视化管理最突出的特点。

2. 公开性

公开性主要是指目视化管理的透明化特点。目视化管理能让销售员清晰地了解管理的理念、目的及流程，使管理内容全部透明公开，是培训师实现自主管控的一种有效手段。

3. 互动性

因为目视化管理是从销售员角度出发的。所以在采取这种方法时，培训师会十分注重销售员的感受，是一种互动性较强的管理方式。销售员可以通过目视化的感官感受，提交自身的建议、反馈，积极与培训师进行深入的沟通。

4. 广泛性

目视化管理技术以其众多的优势，被很多企业所广泛采用，是一种目前非常流行的管理方式。

目视化管理不仅是一个管理方式，同时也是一个管理的过程。对企业而言，要实现有效的目视化管理，就应该结合企业自身实际情况，灵活采取各种手段措施，使其优势得到更有效的发挥，最终达到相应的管理效果。

如果门店销售员人数众多，人员流动性较大。那么，企业在设计目视化管理的载体时应该要以简约的方式为主，而不应该设置过于复杂的标识。销售培训师在培训过程中也要注意这一点，要让销售员更简明、高效地接收到有用的信息。

目视化管理强调客观、透明、公正，能确保信息被快捷高效地传递，帮助培训师通过标准晨会和定期 KPI 会议等具体措施促进企业文化的建立和形成。

第8章 销售结果是计划出来的

许多人在销售结果不佳时的第一反应，就是去思考自己在销售过程中是否做错了。这种反思虽然十分重要，但却忽略了决定销售结果的最重要因素：销售目标。有些人达不到好的销售结果，其实不是因为他们的销售方法出了问题，而是在进行销售的第一步——确定销售计划上没有做好。"销售结果是计划出来的"，有一个切实可行的计划是完成良好业绩的可靠保证。

8.1 目标制订与分解技术

要想有一个能够执行的计划，培训师必须要制订一个合理的目标。目标制订的原则是培训师将个人目标与组织目标、工作目标相结合，这样做可以帮助销售员有效提高绩效和工作效率。具体来说，培训师应该依照"SMART"原则来制订目标，它的具体含义如下。

1. 明确（Specific）

培训师在制订目标前，应该明确必须改善或维持的具体事项。

2. 易于评估(Measurable)

培训师制订的目标应可以被量化。目标中应包含数量、品质、期限等元素。

3. 合理(Attainable)

培训师制订的目标应该具有挑战性和可行性。它不应该太难（根本无法完成）或太简单（不具挑战性）。

4. 相关性(Relevant)

培训师要在目标中确定明确的目标执行人。例如某件事由 A 负责，而在这一过程中有一些项目需由他人支援协助，培训师必须清楚说明个人的目标和责任归属，换言之就是要有明确的负责人。

5. 及时性(Time-bound)

培训师应将解决当前最急迫的问题作为主要目标。

在制订了明确的工作目标后，培训师接下来的工作就是将所制订的工作目标进行分解，便于销售员具体执行。一个销售团队的目标，如能按时间关系和按空间关系同时展开，形成有机的、立体的目标系统，不仅能使各级团队成员和每个销售员对目标的整体了然于胸，也能明确每个销售员的目标在目标系统中所处的地位，有利于调动销售员的积极性、主动性和创造性。所以培训师进行目标分解是十分有必要的。

在目标分解时，培训师应按整分合的原则进行，也就是将总体目标分解为不同层次、不同部门的分目标，而且要保证分目标与总体目标方向一致，内容上下贯通，同时各个分目标的综合起来要能够体现出总体目标，并保证总体目标的实现。

在实施目标分解时，培训师要综合考虑各分目标所需要的条件及实际限制因素，如人力、物力、财力和协作条件、技术保障等。各分目标在内容与时间上要协调、平衡，能够同步地发展，不影响总体目标的实现。另外各分目标的具体表述也要简明扼要，有具体的目标值和完成时限要求。

培训师在目标分解时，通常可以采用两种方法，分别为从上至下的分解方式即指令式分解、从下至上的分解方式即协商式分解，如图 8-1 所示。

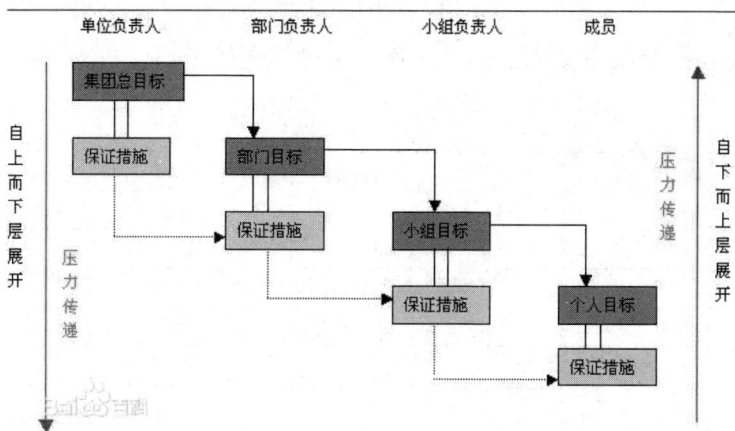

图 8-1 目标分解标准

1. 指令式分解

指令式分解是指培训师在分解前不与下级商量，由培训师全权确定分解方案，以指令或指示、计划的形式下达分解目标。这种分解方法虽然容易使目标构成一个完整的体系，但由于未与销售员协商，培训师可能会对销售员在承担目标任务过程中所遇到的困难、想法和意见不了解，最终造成某些目标难以落实下去，而且还容易引起销售员的抵触情绪，无法调动销售员的积极性，使他们无法发挥出自己的能力。

2. 协商式分解

协商式分解是指培训师和销售员对总体目标的分解和层次目标的落实进行充分的商谈或讨论，在取得一致意见后，再共同制订落实目标分解计划。

因为协商打通了销售工作的各个环节，容易使最终分解的目标能够真正落到实处，同时也为销售员带来参与感，有利于调动他们的积极性，使他们充分发挥出自己的能力。

在完成了目标的制订和分解之后，培训师还需将其转变为详细的行动计划。行动计划是帮助销售员实现工作目标的支持系统，能够使销售员更好地理解和执行目标。表 8-1 是一份工作计划表的模板，供大家参考。

表 8-1　工作计划表

事　项	优先级别	所需时间	完成情况	日期/安排事项	
				8：00	
				8：30	
				9：00	
				9：30	
				10：00	
				10：30	
				11：00	
				11：30	
				12：00	
				12：30	
				1：00	
				1：30	
				2：00	
				2：30	
				3：00	
				3：30	
附注：				4：00	
				4：30	

续上表

事　项	优先级别	所需时间	完成情况		日期/安排事项	
				5：00		
				5：30		
				6：00		
				6：30		
附注：				7：00		
				7：30		
				8：00		
				8：30		
				晚间：		

8.2　时段业绩追踪技术

培训师要想使销售团队的业绩快速成长，首先要营造一种"高压锅"式的业务氛围，然后设计一个出气孔（企划方案或者销售亮点）让其突破。这样业绩就可以喷薄而出，促使团队达成销售目标。在"高压锅"式的业务氛围营造中，时段业绩追踪系统所起到的作用举足轻重，坚决执行并巧妙运用这些追踪方法非常关键。下面为大家介绍几种时段业绩追踪的方法，如图 8-2 所示。

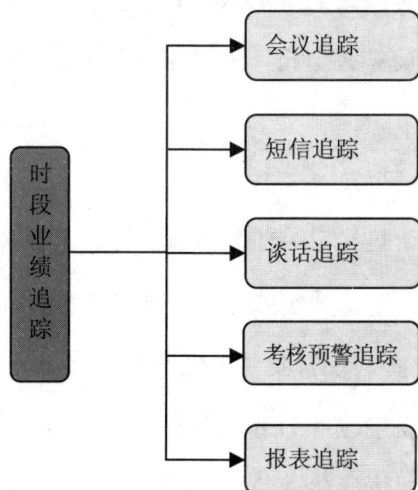

图 8-2　时段业绩追踪方法

1. 会议追踪

销售目标的制订从会议开始，所以追踪也要从会议开始。培训师要做好会议追踪，就要做好会前准备、会中记录、会后评估等工作，具体来讲，培训师要做好以下几点。

（1）会议要分层级进行

根据与会人员的身份，会议应有所不同。例如在市分公司层面，培训师要召开高管群策群力会、启动大会、各阶段业务分析会、营销管理干部例会、组训例会等会议；在具体营业单位层面，培训师则要召开启动衔接会、每日主管早会、一二次晨（夕）会、日清追踪会、庆功会、经验分享会、兼职讲师组训会、未破零人员爱心关怀会、晚间紧急会议等。

（2）统一会议模式

培训师统一会议模式，就要做好两个方面的统一。

一方面，培训师要统一用数据说话，通过数据查找问题，落实责任人，提出问题解决方法。特别是在各层级分析会上，培训师应要求述职人按照标准《述职模版》提前一天上报，不合格的发回去重做，使销售员逐步养成良好的工作习惯。

另一方面，培训师要统一工作考核，要通过每日日清追踪会，确保当日事当日毕（当日业绩动态／明日业绩预估／原因分析），让所有营销管理干部和主管都能端正态度，切实感受到管理的严肃性和紧迫感。

（3）做好各类追踪会议自我氛围的营造

培训师要通过准备横幅和口号（同心同德、同舟共济、同甘共苦、同心断金）等，从软方面体现"追踪"气氛。

2. 短信追踪

短信追踪是目前最有效的时段业绩追踪方式之一。培训师可通过"企业短信群发系统"平台，及时有效地将企业和营业单位的政令、信息、战报等文件指令群发给所有销售员，突破企业办公自动化系统（OA）覆盖面不足和相对滞后的瓶颈，使业务追踪真正达到"时间与空间的完美结合"。

培训师在利用短信追踪方式时，应注意以下 3 个要点。

（1）建立好人员群组

在采用短信追踪前，培训师要建立如组训群组、管理干部群组、主管群组等不同类别的小组。这样做既可以针对不同层面的销售员"对症下药"，又可以节约群发成本。

（2）选择好短信写手

一个好的短信写手要将短信传递的信息充分表达出来，除了要有一定的文字功底外，还要了解不同时点的追踪要点和不同人群的激励方法。

（3）逐步建立短信追踪信息包

培训师要注意查看回复信息，及时处理拒绝信息或解决业务问题。有时候因为企业电话资料更新滞后，一些已离职的同事号码可能依旧留在群发系统里，培训师就要对其及时剔除，另外还要注意短信群发的频率和时间。太多、太晚的群发短信就会变成人人喊打的"骚扰短信"。

3. 谈话追踪

业绩既是追出来的，也是谈出来的，培训师要注重对销售员采用谈话追踪。谈话追踪是培训师通过面对面的谈话，来为销售员解决问题，它往往具有很强激励作用，尤其对于有公司高管参与的谈话追踪，其效果最佳。

谈话追踪主要有两种方式：一是述职谈话。各级销售人员无论业绩好坏，都要定时定点，采取"一对一"的方式向培训师述职，在述职时，讲成绩、讲问题、讲原因、讲改进。二是"钉子户"谈话。任何销售团队都会有一些"钉子户"，他们总是跟不上节拍，还喜欢制造负面影响，但往往这些人又有某些功劳和资历，直接处理不好办，这就需要"跳级谈话"，通过请公司高管出面，和他讲道理、讲原则、讲纪律、讲关怀，顺利解决"钉子户"。

4. 考核预警追踪

考核预警追踪可以激发销售主管和销售员的内在行动力，培训师应该将其作为一项长期根本工程去抓。但是考核预警追踪的长期性，也导致了它不如一些短期追踪方式更容易引起大家的关注。实际上培训师如果将这种方法运用得当，将会获得比其他短期方法更为长久的激励效果，比如，对于主管的维持预警和对于新人的转正预警往往效果极佳，需要培训师对其有足够的重视。

5. 报表追踪

除常规的各层级各类业绩报表、KPI 分析表的及时上报、宣导外，培训师还应将报表追踪的重点放在追踪人《日清追踪表手册》的使用情况上。在报表追踪系统中，培训师明确每个销售团队的追踪人对报表追踪尤为重要。

无论采用哪种追踪方式，追踪人的作用都是至关重要的。追踪人的职责要求有：至少每天都要进行"三电、三信（短信）"追踪；每日填写追踪记录（《日清追踪表手册》）；与所追踪的销售团队打造利益共同体；追踪销售团队当日及明日业绩，采集工作亮点及问题并及时反馈给企业高层。

培训师通过采用多种追踪手段和方法，对销售团队进行管理和监督，促进他们改进工作，提升销售业绩，努力完成各项销售目标，最终促进企业的快速发展。

8.3　KPI 数据分析解读技术

KPI 是一种目标式量化管理指标。它可以通过各种量化指标，全面、准确、有效地反映店铺的运营情况，为培训师诊断店铺问题、有针对性地调整培训内容、改进培训方法提供依据。对 KPI 数据指标进行正确的分析解读是每个培训师都必须掌握的技术。

那么，培训师要如何正确解读 KPI 的各项指标？在回答这个问题之前，我先讲讲 KPI 指标的制订过程。在制订指标时，门店的负责人要全面分析影响门店业绩的几个因素。

通常来说，影响门店业绩的因素包括可控因素和不可控因素。可控因素包括人员、货品、门店、顾客 4 个方面；不可控因素包括气候、社会动荡、经济调控、竞争对手等方面。其中，可控因素是门店可以通过自身调节改变的，是 KPI 指标的来源。KPI 指标来源如图 8-3 所示。

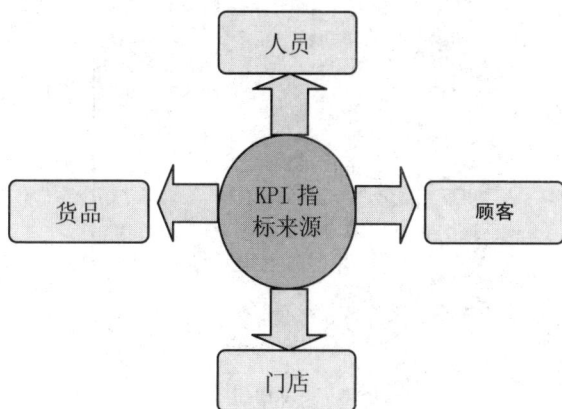

图 8-3　KPI 指标来源

因此，门店负责人在制订 KPI 指标时，就要从人员、货品、门店、顾客 4 个方面入手，展开分析。

第一，人员。由人员问题产生，导致门店业绩下滑的因素有：① 销售员士气低落。② 销售员对商品不了解。③ 销售员销售技能欠缺。④ 销售员数量不足。

第二，货品。由货品问题产生，导致门店业绩下滑的因素有：① 商品库存偏低。② 商品种类过少。③ 商品上市时机延误。④ 商品结构失调。

第三，门店。由门店问题产生，导致门店业绩下滑的因素有：① 门店灯光效果太差。② 门店商品陈列不吸引人。③ 门店缺少顾客休息区。④ 仓库太小。

第四，顾客。由顾客问题产生，导致门店业绩下滑的因素有：① VIP顾客数量太少。② 顾客投诉过多。③ 顾客进店率低。④ 门店客流量偏少。

由此，我们可以看出，KPI 指标就是门店负责人通过对以上这些问题进行细化量化而得出的，能直观反映出这些问题严重程度的指标。常见的 KPI 指标有：利润率、单类销售比、同期比、坪效、售罄率、连带率、客价单、平均单价、人效、货品流失率等，如图 8-4 所示。

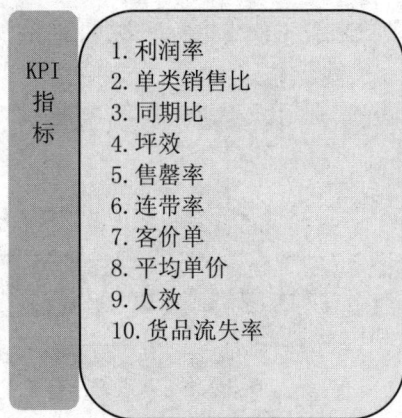

KPI 指标

1. 利润率
2. 单类销售比
3. 同期比
4. 坪效
5. 售罄率
6. 连带率
7. 客价单
8. 平均单价
9. 人效
10. 货品流失率

图 8-4　KPI 指标

（1）利润率：利润率=[（总销售额-商品成本-经营费用-管理费用）÷总销售额]×100%，这项指标反映门店总体运营情况，是培训师首要关注的，是培训师采取一切措施的重要依据。

（2）单类销售比：单类销售比=（类别销售额÷总销售额）×100%，

这项指标反映门店某类商品的销售情况，以及这款商品的销售额占门店总销售额的比重，是门店进行订货补货的重要依据。

（3）同期比：同期比=[（本期销售额−历史同期销售额）÷历史同期销售]×100%，这项指标反映门店某商品的销售额在最近某个时间段内的增涨幅度，能帮助培训师衡量之前所做工作产生的效果。

（4）坪效：坪效=（销售额÷店铺面积）×100%，这项指标能反映出门店各区域对销售额的贡献比重，它能帮助培训师指导销售员进行有针对性门店陈列。

（5）售罄率：售罄率=[本期销售量或金额÷（本期进货+上期库存）]×100%，这项指标能帮助培训师快速找出商品的畅销款和滞销款。一般来说，售罄率为75%以上的商品为畅销款，售罄率为15%~40%的商品为滞销款。对于畅销款商品，培训师要指导销售员增加进货；对滞销款商品，培训师要指挥销售员进行促销，减少库存减压。

（6）连带率：连带率=（销售件数÷小票数量）×100%，这项指标可以反映出商品的具体销售过程，能帮助培训师找出销售员的销售技巧缺陷，或者商品的陈列缺陷等问题。

（7）客价单：客价单=（销售额÷小票数量）×100%，这项指标是反映商品价值高低的关键数据，与商品利润高低有直接的关系，它能帮助培训师调整商品结构，优化商品种类，提升门店业绩。

（8）平均单价：平均单价=（销售额÷销售件数）×100%，这项指标可以反映出门店所在商圈的消费水平和层次，帮助培训师分析门店周边顾客的购买力，进而有针对性地调整商品，提升业绩。

（9）人效：人效=（单个销售员的实际销售额÷员工人数）×100%，

这项指标是培训师考量门店销售员的贡献和销售技能的工具，帮助培训师对销售员进行具体、有侧重的培训。

（10）货品流失率：[（货品总量−售出量−库存量）÷货品总量]×100%，这项指标能帮助门店有效调整商品进货种类数量，控制利润，以及管理特殊商品。

培训师通过对以上 KPI 指标数据的分析，可以更加全面地、直观地找出门店经营上的问题，进而对症下药，科学地调整培训内容和手段，改善运营策略，促进业绩的提升。

8.4　VIP 邀约技术

通常来说，绝大多数店铺经过长期的经营，都会有一些 VIP 顾客。但是一些店铺由于不知道如何邀约 VIP 顾客，导致 VIP 顾客的重复购买率不高，也就是说这些店铺好不容易开发的 VIP 并没有给其带来多少利润。

在培训中，也有不少人向我问起有关邀约 VIP 的问题：为什么我给 VIP 打了不少电话，可真正来店的 VIP 却寥寥无几？

我针对这个问题，详细询问了他们常用的电话邀约内容，发现他们的给 VIP 的邀约用词多数拘泥于一些商业套话，比如"尊敬的贵宾，本周日××店新品上市，特邀您前来品鉴""您好，我店将于××日举办老顾客特惠活动，邀请您参加"等。这样的话过于死板僵化，缺少对顾客的人性关怀，所以往往起不到邀请的效果，甚至还会引起顾客的反感。

一项调查结果显示，18.8%的顾客记不住任何广告，46.6%的顾客能够记住 1~3 条广告。因此，对于新品上市、优惠活动这类广告信息，即便大多数顾客都不拒绝，能将它们记住的人也少之又少。销售员仅靠干巴巴的电话通知来邀约顾客往往很难起作用，所以要注意运用电话邀约的语言技巧，来使顾客加深印象。

一名优秀的销售员邀请措辞时，应该尽量使被邀请的 VIP 感觉受到尊重，比如销售员可以强调该活动只有 VIP 顾客才可以参加，让顾客真正感觉到活动的价值。在通话中，销售员的用词和语气要简短、精练、柔和，要让人听起来舒服。这要求培训师要把邀约 VIP 的用词技巧传授给销售员，下面，我来系统讲讲邀约 VIP 的几个步骤。

首先，培训师要将 VIP 顾客进行分类整理，例如将他们分成历史 VIP 积分高的顾客、VIP 积分一般的顾客，或是近期消费较多的顾客、近期消费较少的顾客等。整理好之后，再根据他们的类别进行邀约。

其次，培训师要给销售员分配邀约名单。培训师应规定销售员每天邀约的 VIP 人数，如果完不成，就要给予其一定的惩罚。销售员应各自负责预约自己登记的 VIP，而对于没有人负责的 VIP，培训师要自己邀约或者将其分配给负责 VIP 比较少的销售员。在邀约前，培训师一定要让销售员统一说辞。对于邀约的时间，培训师可以定在 11:00~13:00 和 16:00~18:00，选择合适的时间段进行邀约，可以避免引起顾客反感。

在这些步骤中，培训师要具体掌握哪些技巧才能做一个成功的邀约？我总结了 3 个小方法，如图 8-5 所示。

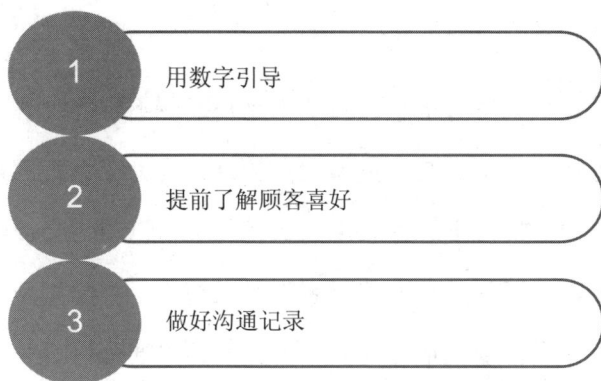

1	用数字引导
2	提前了解顾客喜好
3	做好沟通记录

图 8-5　邀约 VIP 的小技巧

1. 用数字引导

销售员可以采用利用数字引导的词句来邀请 VIP，比如"我特意为您挑选了 3 套特别适合您气质的衣服"。

在这里，我们为什么要说"3 套"而不是说"有几件"？这是因为确定的数字会让顾客感觉受到了特别的重视，会觉得店家是用心了解了他的着装喜好，而且的确是在认真地为他在挑选。但是如果用不确切的"几件"这个词的话，这种挑选的随意性就被放大了，它不但无法让顾客感觉受到了重视，还有可能让他觉得店家只是在诱导他过来消费，进而产生反感。

销售员在用数字引导时，还要注意数字不要太多，因为过多的商品也会给顾客带来压力，从而拒绝邀请。

2. 提前了解顾客喜好

当顾客听完销售员的邀约并表示接受邀请后，销售员就要立刻查询顾客之前的消费习惯及身体特征、个人喜好，把适合顾客的款式挑选出来。如果销售员没有做好这一块，而是等顾客到店后再临时挑衣，顾客就会有一种被欺骗的感觉，进而对店家和品牌产生不好的印象。

3. 做好沟通记录

对于顾客是否来、何时来、为何不来还是迟疑不定等表态，销售员都要在邀约后进行详细记录。销售员做记录的目的是为了做好后期的跟进，例如明确周六来的是哪几个、周日来的是哪几个，以便为会面做好准备；明确哪些客人可以立即赴约，哪些顾客则对邀约不是很感兴趣；对于迟疑不定的顾客，销售员可委婉地向他们咨询原因，以便为以后采取针对性的方法提供依据。

除了邀约时的语言技巧外，销售员还应将 VIP 的邀约技术扩展到邀约活动内容上，比如举办理财知识讲座、VIP 联谊会、VIP 下午茶等。这种为 VIP 顾客提供的增值服务有助于使顾客维护工作从"结果导向"转变成"过程导向"。这种方式可以使店员多与 VIP 顾客保持联系，为 VIP 顾客提供更多贴心的服务，增加他们的黏性。

8.5　大　单　技　术

大单是从事销售行业的人都会追求的目标，几乎每个销售员都想做大单。我在服装行业工作了十几年，见过天天都做大单的销售员，也见过几年都做不了一个大单的销售员。对于同样款式的服装，为什么别的销售员这么容易做成大单，你却总是"差一点儿"？其实做大单也是有技巧的。下面讲讲销售员做大单应掌握的技巧。

一般来说，员工想要做大单，应该从 3 个方面入手，如图 8-6 所示。

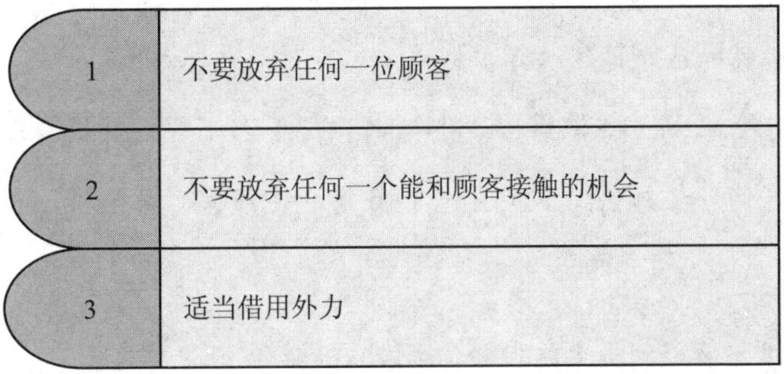

1	不要放弃任何一位顾客
2	不要放弃任何一个能和顾客接触的机会
3	适当借用外力

图 8-6　大单技巧

1. 不要放弃任何一位顾客

有些销售员在顾客一进门时，就根据自己的判断给顾客分了类。如果他判定某位顾客一定不会购买自己店内的商品，就不去招待对方。然而实际上在很多时候，正是销售员这种狭隘的、带有偏见的看人眼光赶走了大单。

我在一家店面做培训时,发现有个销售员业绩不是很好，很少做大单，就仔细观察了她几天。我发现她虽然在服务顾客时也做到了热情周到，但是却不像其他销售员那样，对每位进门的顾客都一视同仁，为他们提供无差别的服务。

我找到她，向她询问原因。她便道出了缘由，原来她觉得有些顾客看上去只是想随意逛逛，并非诚心购物，所以她就不想白白浪费时间和精力去招待他们。

针对她这种做法，我对她进行了批评，告诉她不要放弃任何一位顾客，因为每位进店的顾客都是有潜在购买需求的人，销售员仅通过对方的外表作主观臆测，擅自做出判断是十分错误的行为。也许某位看似漫不经心的顾客正是要下大单的人，我们不能因为自己的偏见，草率做出结论，错失潜在的顾客。

后来，这位销售员在我的指导下，改正了自己的不当行为。果然不出一个月，她就完成了两笔大单。

通过这个事例，我们可以看出，销售员千万不要仅凭借自己的第一印象就放弃任何一位顾客，只有用心服务每一位顾客，才能够不错过每一笔大单。

2. 不要放弃任何一个能和顾客接触的机会

在淡季，门店的客流量通常会非常小，也许一整个下午都没有几个顾客，这时销售员就必须要把握住每一个进店的顾客，抓住一切机会和他们搭讪，好好把握"5米关注、3米注视、1米搭话"的技巧，当顾客进店，开始看产品的时候，就开始关注其动向。虽然销售员可能一时无法确定该顾客是否有购买商品的需求，但却要珍惜每一个和顾客搭讪的机会，和顾客拉近关系，待顾客一旦走近自己的门店，便应该很热情地把他们给"拦截"下来，积极为自己和门店创造订单，提升业绩。

3. 适当借用外力

有时候，决定一笔大单是否能成交的关键因素可能只是一些小细节。比如，有些顾客可能本来对商品很满意，但是因为自己虽下了大单，却没有获得店家的赠品，而对店家的态度心生不满，反悔不愿意下单了。因此，销售员就要善于察言观色，领会顾客的想法，适时为其提供赠品或优惠，促进订单的达成。

再比如，一些要下大单的顾客通常会因为下单的金额很大，要与销售员讨价还价。这时销售员若一味坚持原价，势必会让顾客感到不被重视，而将大单拒之门外。

为此，销售员可以约来主管，在表面上"努力主动"地帮助顾客与销售主管讲价，让顾客感到销售员是在竭尽全力地帮他争取利益，是与他站在同一战线上的，从而加强了顾客对销售员的信任度。即便最终可能依旧让利有限，但顾客还是会感受到销售员对自己的重视，进而放弃讲价，达成交易。在采用这种方法时，销售员要做到与主管配合默契，不要露出破绽。

提供赠品和找主管要价格都是销售员借助外力，来促进订单的达成。这些销售技巧并非交易的主要内容，但是却能减轻顾客的顾虑，提升顾客对店家的好感，对交易的顺利达成起到至关重要的作用。

总有些销售员说大单是可遇不可求的，是一件完全凭运气的事情。但在我看来，如果他们能够掌握技巧，大单也是一件可以完成的任务。销售培训师在培训过程中，要传授销售员一些做大单的技巧，树立他们的自信心，帮助他们努力争取大单，获得业绩的提升。

8.6 连单技术

所谓连单，就是一位顾客在开单之后不久又开了一单。销售员若能让顾客做到连单，无疑会对提升自身的销售业绩有很大的帮助。那么，有什么技巧可以让顾客多买商品以提升连单率？下面介绍几种常用的提高连单率的方法，如图8-7所示。

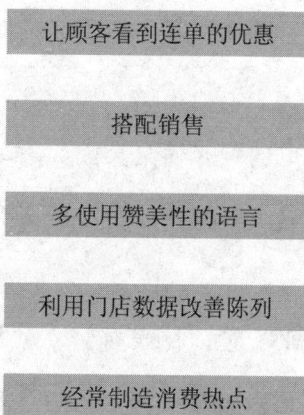

让顾客看到连单的优惠

搭配销售

多使用赞美性的语言

利用门店数据改善陈列

经常制造消费热点

图8-7 提高连单量的技巧

1. 让顾客看到连单的优惠

在价格上做出优惠是刺激购买的首要方法。在刺激顾客进行连单购买时，销售员要根据商品的不同采取不同的方式。对于日常消耗用品，销售员可以通过降低商品价格的方式刺激顾客多买、多囤。对于非日常消耗品，销售员可以选择利用捆绑销售的方式，来增加顾客的购买量。比如，销售员将两件或者三件商品捆绑在一起销售，保证捆绑后商品的均价要比单件便宜。

2. 搭配销售

将不同的商品搭配在一起也是提高连单率的好方法。比如，销售员在顾客购买了大衣之后，再推荐她购买个打底的毛衫或者裙子之类的，这样连单销售的概率就大大增加了。销售员在进行搭配销售时，要善于利用商品的相关性和互补性来拉动顾客购买商品。常见的搭配销售有套装搭配、衣服和配饰搭配、情侣款搭配等。

3. 多使用赞美性的语言

在销售中使用赞美性的语言也是提高顾客下单率的方式之一。比如，当一些顾客和亲朋好友一起来购买服装时，销售员应多使用赞美性的语言，对顾客试衣的形象进行夸赞，并适时地拉拢顾客身边的亲朋们，让他们也表达自己的观点。通常来说，这些亲朋好友往往会出于对顾客的尊重，而"顺情说好话"，会与销售员一道赞扬顾客。这样一来，顾客在高兴的同时就可能会连续购买服装，从而增加了连单的概率。

4. 利用门店数据改善陈列

利用门店的销售数据来提升连单率也是一种十分好用且具有精准性的方法。门店销售员可以对顾客们的购物单进行数据分析，再以数据分析为依据，在陈列商品时，把关联性比较强的商品或联系比较紧的单品有意识地摆放在一起，在必要时采取复合陈列，强化顾客的组合消费行为。

对于门店刚到的新品、店里的爆款或是正在促销的商品，门店培训师可以带领销售员将其主动推荐给常来的老顾客。这样做既能加深与顾客之间的感情，又能有效地提升连单率。

5. 经常制造消费热点

能经常创造热点的门店自然也会吸引顾客多次光顾，实现连单销售。在制造消费热点时，销售员既可以用季节性新品、超低价商品作为热点，也可以用高性价比的、优于周围竞争者的商品为主打，采用多种多样的方式和手段进行推销，吸引顾客的眼球。

以上这些方法是比较常用的、增加连单量的方法，但销售员光掌握这些理论性的知识还不足以让连单率得到非常大的提升，销售员还要从多方面考虑，从细节着手，制订周密的计划，这样才会提升连单率。

举例来说，我在为一些服装门店做培训的时候曾多次遇到这种现象：按理说，秋冬换季时正是风衣、羽绒服和打底衫的销售旺季，经营这些服装的门店应该在这个时候顾客盈门，订单火爆才对，但其中有的店却很少能够完成一次性连单，或成交多笔订单，而且这些店铺的装修、货源都没有问题。那么，问题到底出现在哪里？

经过考察和分析，我发现，出现这种问题的门店大多都是在细节上处理得不够到位，比如在顾客试衣时，销售员只是在单纯称赞这件商品，却没有趁机介绍相关商品。这样的话，顾客在购买到预期的商品后，对其他商品的购买欲会大大下降，连单的可能性也就大大降低。

总之，连单技术是一项对细节要求很高的销售技巧，销售培训师在对销售员进行指导时，尤其要注重从细节入手，教会他们把握细节，赢得顾客的好感，促进订单的达成。

8.7 高单技术

开高单自然也是每个销售员所追求的一项目标。开高单可以使销售员的业绩得到迅速提升，证明了销售员突出的销售技能，会帮助销售员赢得企业的褒奖和其他同事的羡慕。本节，我总结了一些开高单的技巧，如图 8-8 所示。

1. 了解顾客需求

了解顾客的需求永远都应该是第一位的。顾客需要什么、为什么需要等都是销售员需要了解的基本内容。了解顾客的实质需求要求销售员在帮助顾客解决问题的同时，能快速地根据他的需求，为其提前找到最合适的推销商品，促进交易的快速达成。

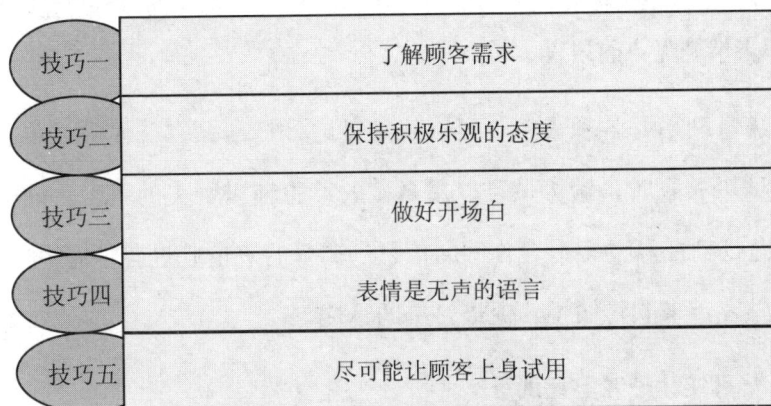

技巧一	了解顾客需求
技巧二	保持积极乐观的态度
技巧三	做好开场白
技巧四	表情是无声的语言
技巧五	尽可能让顾客上身试用

图 8-8　开高单的技巧

2. 保持积极乐观的态度

销售员只有保持积极乐观的态度，给顾客提供最优质的服务，才能提高开高单的概率。因此，销售员绝对不能在顾客面前发怒、暴躁或者过于害羞等，因为这些情绪都不利于让商品得到顾客的认可。如果销售员一直都以积极乐观的态度面对顾客，能够让进店的人感受到温暖热情，那么自然也会吸引更多的人前来选购。

3. 做好开场白

好的开场白是成功的一半。顾客在和销售员交谈的过程中，在刚开始的一分钟所获得的信息一般比在之后的十分钟里获得的信息都要深刻得多。好的开场白有如下两个优点：一是可以帮助销售员通过对话来了解顾客需求，建立营销方向与焦点；二是可以获得顾客的好感，保证在有效的时间内快速获取顾客的信任，促进成单。因此，做好开场白是每个销售员的必修课。

销售员在开场白时，可以适当地与顾客进行一些闲谈，以便拉近与顾客之间的距离，但是要注意不要闲谈过久，以免浪费了销售时间。同时销售员还要保证开场白要足够精简真诚，如果啰里啰嗦，反而会使顾客反感。

4. 表情是无声的语言

销售员利用好各种表情，可以从细微之处打动顾客，促进成单。比如在顾客试用衣服时，销售员可以用真诚的笑脸辅以赞美的语言，向顾客传递出"这件商品真的很适合你"的信息。真挚的表情胜过各种有声的语言，能够给顾客带来欣喜愉悦，促进订单的达成。

5. 尽可能让顾客上身试用

99%以上的顾客在购买商品时，都会在亲身体验之后才会下决心购买。充分体验并确信商品适合自己是促使顾客购买的决定性因素。因此，销售员要积极引导顾客试用商品，让他们切身体会到商品的好处和价值。

我们经常会看到一些门店的销售员，他们对介绍产品乐此不疲，常常说得滔滔不绝，天花乱坠，自以为自己口才很好，却忽视了顾客的感受，缺乏引导顾客体验的意识。要知道销售不是炫耀口才的演讲大赛，销售员要从顾客的角度来考虑问题，只有让顾客对商品进行了上身试用，才能让顾客体会到商品的优势和长处，才能真正为自己带来成单的可能。

开高单其实没有想象的那么难，销售员只要掌握了以上 5 个技巧，并进行灵活的运用，开高单就不再是难题。销售培训师也要有针对性地根据这 5 个技巧，对销售员展开培训。

8.8 快 单 技 术

在销售行业，最抢手的销售员莫过于那么些成单效率高的销售员。他们往往具有更强的销售能力，能够做到接待顾客快、思维快、效率快、成交快。一言以蔽之，他们就是能够在较短时间内开出最多的单。

有的门店的销售员每天忙得脚打后脑勺，甚至废寝忘食，可就是无法提升业绩，但有的销售员却能快速开单。这其中的差别是什么？差别就在于那些快速开单的销售员掌握了相关的技巧。根据我的经验，销售员开快单要注意以下 3 个方面：掌握沟通技巧、了解产品和开发顾客，如图 8-9 所示。

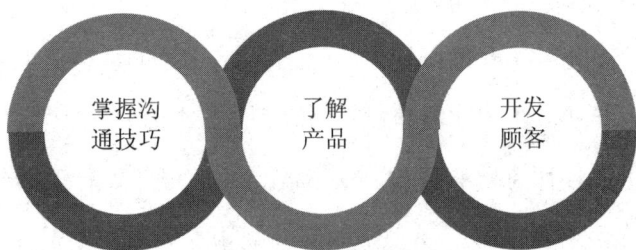

图 8-9　如何开快单

1. 掌握沟通技巧

因为销售员的工作是在和顾客沟通过程中完成的，其沟通技巧对销售人员的业绩有着至关重要的影响，所以销售人员一定要重视提升自己的沟通技巧。沟通技巧不同于人们开口说话的本能，它需要销售员不断地练习，才能够达到非常优秀的水准。优秀的销售员在跟顾客沟通时，总能给他们带来亲切自然的感受，会将商品的各种优点绘声绘色地表达出来，使顾客还没有买，就已经能想象出自己拥有商品后所获得的美好体验。

销售员在练习沟通技巧时，一方面要多多开口说，只有开口说了，得到了顾客的反馈，销售员才能通过总结，找出自己的缺点和优势，并在以后的销售中进行相应的改进；另一方面销售员要多多向沟通高手学习，通过认真观察和揣摩沟通高手的语言，对比自己在同样情况下的表达方法，找出差距，认真改进。

此外，销售员还要注意自己在说话时的状态，要尽量做到"眉飞色舞"。顾客在选购东西时的状态往往会被销售员的状态所感染，如果销售员既做到了语言生动有趣，又做到了"眉飞色舞"，使自己脸上的每一个表情都表达出对商品的喜爱和骄傲，那么顾客也会被带动起来，对商品产生好感，这样就有利于交易的达成。

2. 了解产品

销售员只有充分了解了商品，对自己所推销产品的各种指标都了如指掌，把自己打造成专业人士，才能和顾客侃侃而谈，在面对他们的咨询时，才能为他们详细讲解各种商品细节，为他们提出靠谱的意见，让他们产生信任感。

销售员在了解产品时，不要把眼界只局限在自家的商品中，一定要注重扩大知识面，要了解一下竞争对手的商品和主打风格。如果对竞争对手的产品特点有充分的认知和了解，销售员就可以在顾客犹豫不决的时候，"客观"地对比两家商品，向其提出意见，并在表达时结合自身的优秀沟通力，促进顾客下单。

3. 开发顾客

提升顾客群基数是销售员永远的目标，是其最重要的工作之一。只有顾客基数越大，成交的单才会越多。在开发顾客时，销售员一方面是要持续不断地在生面孔中挖掘新顾客，另一方面也要维护好老顾客，让老顾客成为自发的推广员，为店铺带来新顾客。

挖掘新顾客时，销售员要做好顾客资源的整理搜集工作，并依据搜集得到的顾客资料，坚持不懈地联系顾客。因为新顾客和店铺还没有建立关系，所以在联系新顾客时，销售员要注意"攻心"，要通过各种方法，和顾客逐步建立情感联系，而不能次次都只推销产品。在维护老顾客时，销售员要让老顾客感受到被重视，而不能让其产生自己"被利用完就丢掉"的感觉。

　　顾客愿意在某位销售员手中开快单，除了顾客的特殊需求（比如突然下雨，顾客要进店买伞）等偶然因素，最重要的因素还是这位销售员在掌握语言话术、了解产品和开发顾客这些方面有突出表现。所以销售培训师在为销售员做培训时，一定要注意这些方面的培训，帮助他们早日成长为能够开快单的优秀销售员。

8.9　逼 单 技 术

　　逼单技术是销售员通过一些手段措施，主动"逼单"，让顾客签约，完成交易的销售技巧。如今，许多销售员总认为签单的主动权是完全掌握在顾客手里的，顾客不签单，自己就没有办法，是顾客的拖单导致了自己的业绩迟迟无法得到提升，其实这是错误的想法。优秀的销售员绝不会任由顾客决定是否签约，他会主动去"逼单"，并成功促成这笔交易。

　　逼单技术是一项非常实用的技术，能够提高销售员的出单速度，因此培训师在培训过程中要重点讲授。一般来说，在进行逼单之前，销售员应做以下准备，如图 8-10 所示。

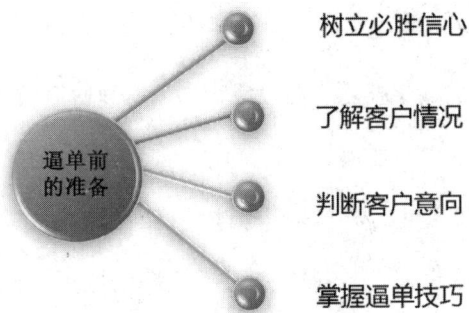

图 8-10　逼单前的准备

1. 树立必胜信心

每个销售员都要坚信顾客早晚都会跟自己合作，签约只是一个时间问题，而自己要做的工作就是把时间提前再提前。在树立必胜的信心后，销售员就不能畏惧困难，要积极面对问题，努力寻求解决问题的方案。

2. 了解顾客情况

销售员只有了解了顾客的基本情况，才能清晰地洞察顾客的需求，抓住顾客的心理，进而想顾客所想，急顾客所急，赢得顾客的信赖和认可，促进交易的达成。

3. 判断顾客意向

销售员要通过观察、提问、倾听来判断顾客的意向。例如，有时候顾客一直在砍价，销售员即使做了最大限度的让步，还是无法让其满意。这时，销售员就要从顾客的言行举止中判断出顾客的真实意图，看出他是已认可了目前的价格，只想尽可能地压价，还是真的完全无法认同这个价格，而后再根据实际情况，采取相应逼单手段，促进顾客下单。

4. 掌握逼单技巧

一般来说，常用的逼单技巧有假设成交法、神秘朦胧法、画饼充饥法等。

（1）假设成交法

以邀请顾客加入会员为例，销售员可以先让顾客免费感受一下会员服务，让其享受会员优惠，让顾客体会到实质性的服务，而后再通过逐步深入的提问，提高顾客的留存率。

假设成交法要求销售员用事实说话，让顾客在加入会员前真真切切地感受到消费后带来的愉悦感。这样做可以节约推销时间，提高推销效率；

也可以适当减少顾客的心理压力，形成良好的销售氛围；还可以把顾客的成交信号直接转化成交行动，促成交易的最终实现。这个方法的缺点是，它容易给销售员带来过重的成交压力，破坏成交气氛，不利于销售员进一步处理顾客异议，还可能会让销售员丧失成交的主动权。

（2）神秘朦胧法

与假设成交法相比，神秘朦胧法就更为柔性化，更利于销售员调整。在采用神秘朦胧法时，销售员不是一次性把商品的优势和将要享受的优惠全部告诉顾客，而是循序渐进地给顾客展示一些商品的亮点，先让顾客产生浓厚的兴趣，而后再推出所销售的商品。在采用这种方法时，销售员一定要注意察言观色，把握好时机，在顾客兴趣最浓的时候推出商品。

（3）画饼充饥法

画饼充饥法是销售员利用高超的语言表达技巧，让顾客想象出在购买这件商品后他所获得的各种好处，为顾客画一个大饼。即使这种理想的效果不一定会达到，但销售员至少要做到让顾客相信商品的好处。这就要求销售员能从顾客角度出发，机智地为顾客分析各种可行性的方案，为他解决后顾之忧，让他觉得自己所售的商品就是他最需要的商品，是最能解决他实际问题的商品。

在做好充足的准备后，销售员就可以在销售中练习逼单了。在这里，销售员要注意的是，逼单不可能次次成功，所以在逼单过程中要保持心绪平和，不要表现出过激情绪。不管结果如何，销售员都要与顾客保持良好的沟通，给顾客留下一个良好的印象，这也是在逼单过程中销售员应该着重注意的问题。

8.10　截 流 技 术

一直以来，"顾客进店率"都是门店比较关注的一个重要指标。然而，随着门店竞争日益激烈，顾客进门变得越来越难。一些门店顾客寥寥，甚至出现了自己通过各种手段邀约来的顾客在走进门店的刹那被竞争对手抢走的窘境。因此，为了给门店引入客流，提升顾客进店率，对顾客的截流技术便是每个销售员都应掌握的重要销售技巧。

那么，销售员该如何采用截流技术？我总结了4个方法，如图8-11所示。

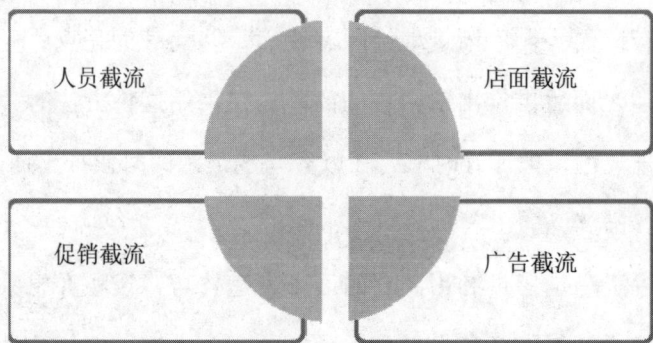

图 8-11　截流技术的具体方法

1. 人员截流

人员截流是最常见的截流方式，也是最行之有效的方式。其具体做法是：销售员在门店门口派发活动宣传单，见到往来的顾客时就热情主动地打招呼，邀请他们进店。门店的培训师在使用人员截流时，一定要选择训练有素的拦截手，在截流开始前，要对销售员进行系统培训，使他们都掌握相应的话术技巧，能够更快地吸引顾客的注意，从而从对手手中把顾客抢到自家门店来。

在拦截时，截流人员要做到在三米之内就向顾客点头微笑打招呼，在一米之内直接上前招呼顾客，同时还要通过察言观色，迅速判断出顾客的类型，并采用相应的引导措施。比如，对一些顾客，销售员可以直接用手势引导，而对另外一些顾客，销售员则只能用语言引导。这些拦截技巧再加上积极热情的态度，往往能够帮助销售员将截流工作做好。

2. 店面截流

一个好的店面门脸是吸引顾客进行截流的有力武器。比如，我曾经在一条偏僻的小巷里发现了一家装修非常好的女装门店。透过这家门店偌大的落地玻璃窗，一个三层的玻璃 T 台清晰可见，玻璃 T 台的每层上都摆放着一名穿着经典服饰的塑料模特，在 T 台的正前方还有一个超大的液晶电视，电视屏幕上正播放模特走秀。显然，与巷内其他店面相比，这家店的店面给人的初步印象超出了其他店面一大截。有了这么明显的对比，顾客自然更愿意进这家店铺。

门店通过高端的店面装潢，给顾客带来赏心悦目的感受，吸引他们进店购买商品，这无疑是一种无声但却极为有效的截流手段。

3. 促销截流

促销截流方式是门店通过促销活动来引起顾客的注意，进而吸引他们走进门店，这也是一种比较常见的截流方式。比如，一些食品店的销售员在店门口派发食品试用装，一些家居门店销售员开展路演活动等，这些都是促销截流。

4. 广告截流

广告截流就是门店在附近进行大面积的地广告覆盖宣传，以此吸引顾客眼球，吸引他们进店。门店周围的广告覆盖将直接影响到门店在顾客心目中的形象地位。对于一家门店来说，进入店内的顾客多是居住在周边的人，所以门店附近的广告有时比电视广播上的广告宣传更有效果，更能切实地吸引顾客进店。

以上 4 点都是顾客截流的常用技巧，此外，销售员在使用截流技术时，也应注意不要盲目的拦截，更不要蛮横地拦截。态度过于强硬和欠缺沟通都是不可取的，只有与顾客热情地沟通交流才是拦截顾客的核心。

对于门店来说，最重要的资源就是进店的顾客。销售培训师应该重点向销售员教授截流技术，使他们都能成为优秀的截流手，为门店带来更多的顾客。

通过本章，我们能看出，一家门店能取得良好的业绩，靠的是系统的规划、科学的管理和对各种销售技巧的熟练把握和应用。业绩是可以被计划出来的，只要我们用对方法，就一定能使门店运营取得突破，使业绩获得快速提升。

第9章 实地带教流程

我在给一些门店做培训时，总是会听到销售员和培训师的各种抱怨，比如，"我刚到店里，对于很多货品我都一无所知""没人教我，我什么都不会""为什么我接待的顾客都不买单""销售员来了快半年了，为何连衣服系列还分不清楚""销售员今天又被顾客投诉了""有的销售员连最基本的商品知识都跟顾客解释不清楚，顾客总是不耐烦地走了"，等等。

从这些抱怨中，我们能看出，它们基本上都是由销售员能力较弱引起的，然而销售员能力较弱的原因则是培训师的带教环节出了问题。如果门店中没有专门负责带教的培训师，或者培训师无法给予销售员手把手的指导，则必然会导致销售员销售技巧不熟练，也不利于门店业绩的提升。因此，企业在门店中配备培训师，使他们对销售员进行实地带教是很重要的。

9.1 实地带教流程

销售培训师到底有什么作用？

对于顾客来说，销售培训师是专业的代名词。销售培训师通常具备专业的产品知识和丰富的销售经验，能够给予顾客专业的购物建议，帮助顾客找到理想的产品。

对于店长来说，销售培训师是帮助自己管理门店的合作伙伴。培训师带教销售员，能够大幅提升店铺的业绩，也大幅提高了门店销售员的稳定性，同时培训师的带教指导有助于形成销售的标准化流程，这些都有利于店长进行门店管理。

对于销售员来说，带教培训师是晋升的指导老师。"不想当将军的士兵不是好士兵。"每个销售员都不想一辈子只做一个店员，而是希望自己能一步步实现晋升。销售员可以通过培训师所提供的专业性指导和系统的学习，逐步积累销售知识和技巧，提升业绩，最终实现晋升。销售员的晋升之路如图9-1所示。

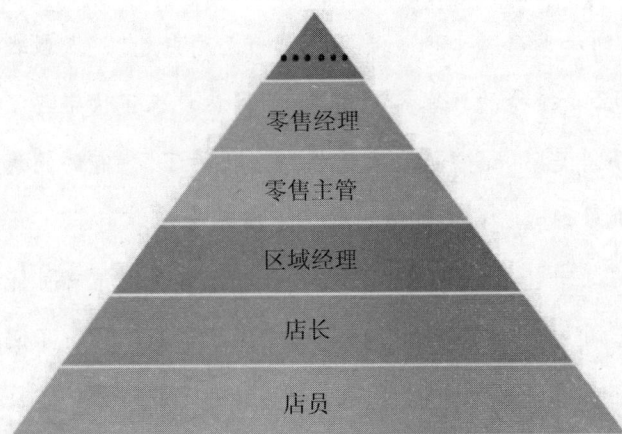

图9-1　销售员的晋升之路

销售培训师的重要性不言而喻，那么销售培训师在门店带教过程中需要具备哪些能力？培训师应具备的基本能力有6项，如图9-2所示。

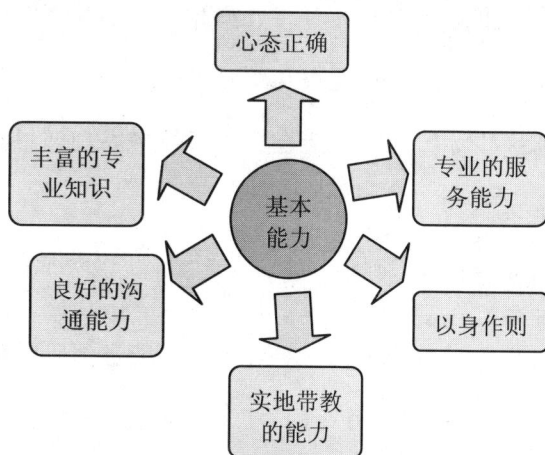

图 9-2　销售培训师实地带教的基本能力

1. 心态正确

心态正确是正确带教的前提。销售培训师是销售员学习的榜样，他的一举一动，一言一行都有可能被销售员模仿吸收。所以，销售员首先要做到摆正心态，以一个积极乐观、努力奋进的精神面貌去感染、带动销售员，为他们树立正面的形象，这样才能使他们端正态度参加培训，并积极投身到工作当中去。反之，如果培训师的心态比员工的心态还差，那么，这位培训师必定是不合格的，他的带教也会把员工带偏。

2. 丰富的专业知识

丰富的专业知识是培训师应具备的最基本技能。只有自身具备丰富的专业知识，培训师才能在带教中传授给销售员更多的知识，提升他们的专业能力。如果培训师自身不具备丰富的专业知识，他在带教销售员时就可能被问倒，进而使销售员对自己失去信心，使带教效果大打折扣。

3. 专业的服务能力

培训师在实地带教的过程中，会通过亲自示范，或者进行一些场景模拟训练，来向销售员讲授顾客服务技巧。因此培训师要具备专业的服务技能，要能做到在面对顾客的各种要求和实际销售过程中的突发状况时，应对自如，只有做到这些，培训师才能在场景模拟中发现销售员所出现的问题，进而进行指导。

4. 良好的沟通能力

带教是一个面对面沟通的过程，需要培训师能够清晰地向销售员讲解培训内容，让销售员明白课程的内容是什么，而在销售员提出疑问时，也能够给出清晰准确的解答。因此，培训师要具备良好的沟通能力，通过有效沟通，保证带教过程的顺利进行。

5. 以身作则

培训师的行为方式会在一定程度上影响销售员的行为方式，而且这种方式是潜移默化的，是没有明显外在表现的。因此，在带教过程中，培训师必须时刻注意自己的言行，以身作则，为销售员树立榜样。

6. 实地带教的能力

对于培训师来说，实地带教能力是最重要的，因为只有具有实地带教的能力，培训师才能保证整个带教过程的顺利进行。为此，培训师必须清楚地知道带教的流程，以及在带教过程中需要用到的材料、工具等，要对带教流程有一个清晰的把握，保证能够在带教过程中掌控全局。

以上 6 点是培训师必须要掌握的基本能力。只有充分掌握了这些技能，培训师才能展开带教工作。那么，具体来说，培训师的实地带教流程应该包括哪几个步骤？我的总结是，培训师在实地带教中需要遵循 4 个步骤，即"观察、准备、辅导、反馈"，如图 9-3 所示。

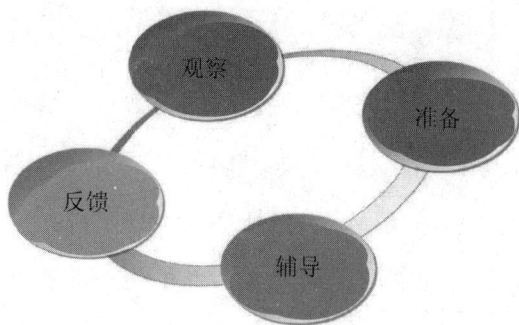

图 9-3　培训师的实地带教流程

1. 第一步：观察

培训师可以通过观察销售员的言谈举止，来分析其肢体语言、语气、语调，为找到可以具体量化并且可以快速提升销售员能力的带教方式做准备。

观察销售员的肢体语言：与销售员进行目光接触，观察他们的笑容、手势、姿势，据此来分析他们的性格；与销售员进行沟通交流，观察他们说话的语气、声量、语速、停顿等，并据此来分析他们的心态；向销售员传授知识，观察他们所做出的回应，据此来分析他们的领悟力。

一般来说，我们可以把销售员的类型按照性格是外向还是内向，在工作中是以人为主还是以任务为主两个维度，分为以下 4 种，如图 9-4 所示。

图 9-4　销售员的类型分类

（1）活泼型

活泼型的销售员性格偏外向。他们的优点是：他们对人比较热情，富有感染力，人际关系一般比较好，能与同事友好相处。他们的缺点是：他们比较爱表现自己，容易情绪化，做事不能长期坚持，缺乏耐心。活泼型销售员的总体特点是：他们比较重感情，在工作中喜欢以人为主，工作状态受人际关系影响较大。

对待这种类型的销售员，培训师应该多采用表扬鼓励的带教方式。这样才会让他以更高的热情投入工作中，并在工作中积极表现自己。

（2）平和型

平和型的销售员性格偏内向。他们的优点是：他们性格比较温和，为人处事平和，不喜欢与同周围的人争论，能够体谅、理解周围的人。他们的缺点是：他们在工作上喜欢待在舒适区，对于工作的积极性不是很高，需要上司的督促才会在工作中投入热情。平和型销售员总体特点是：他们比较随和，容易相处，但缺乏上进心，在工作中也是以人为主，需要投入感情。

对待这种类型的销售员，培训师应该多给予鼓励督促，必要时可以给予其物质奖励，而且还要对其进行长期的督促，不断地给予其激励和鞭策，促使他努力工作。

（3）力量型

力量型的销售员性格偏外向。他们的优点是：他们在工作中有很明确的目标，目标感很强，不注重做事的过程，但很注重结果；为人处事也比较爽快、果敢，说话不喜欢绕弯子，喜欢直截了当地表达观点。他们的缺点是：因为目标性比较强，所以他们会在工作中会不断给自己施加压力，也喜欢给别人施加压力，喜欢在工作中掌控别人，处于强势地位。力量型销售员的总体特点是：他们工作能力很强，也有较强的执行力，能够较好较快地完成任务，但掌控欲望也强，不利于团队团结。

对待这种类型的销售员，培训师应给予他具有挑战性的工作目标，让他挑战自我，不断在工作中取得成功，不断获得成绩感和满足感，为企业为团队贡献力量。

（4）完美型

完美型的销售员性格偏内向。他们的优点是：他们在工作中比较冷静、理智，能够把工作划分成具体事项，做仔细的分析和详尽的规划。他们的缺点是：他们因为过于追求完美，可能具有轻微的强迫症，喜欢挑剔，性格内敛，做事优柔寡断，行动力比较差。完美型销售员的总体特点是：他们在工作上认真细致，能精益求精，比较注重工作的过程，而对结果往往是不看重的，因此工作效率不高。

对待这种类型的销售员，培训师应向他们分配具体的工作任务，并告知预期结果，让他们工作起来更具有方向性，避免优柔寡断，做事拖拉。

观察是培训师做好带教的基础。只有把基础打好了打牢了，后续的带教工作才会顺利进行。培训师只有通过观察来分析销售员的类型，对他们有一个初步的了解和认识，然后采取相应的带教策略，才会使带教工作事半功倍。

2. 第二步：准备

带教的准备工作可分为以下 5 个部分，如图 9-5 所示。

（1）建立关系

培训师有责任、有义务为销售员营造轻松愉快的带教氛围，安抚缓解他们紧张焦躁的情绪，使他们都端正态度，以一个积极向上的心态投入工作当中。

销售员士气低落往往与培训师管理方式方法上的欠缺有很大关系，比如，培训师没有帮助销售员清除工作上的阻碍，与销售员缺乏沟通、缺乏情感联系，未能妥善处理他们工作上的问题等。

所以培训师应该调节自身心态，在日常工作中坚持多认可、多鼓励、少批评；学会关心销售员，多与他们沟通交流；多表扬业绩好的销售员，在处理问题时要保证公平公正。培训师应通过在日常工作中的不断积累，树立起正面形象，与销售员建立起融洽的关系。

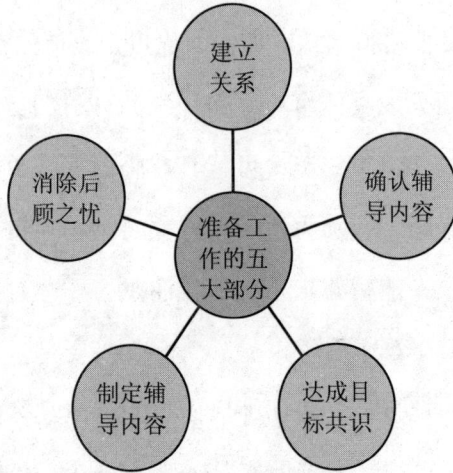

图 9-5　准备工作的五大部分

（2）消除后顾之忧

培训师除了在工作上要多与销售员接触外，也要在生活上与他们多接触，从多方面了解他们在工作生活上所遇到的各种问题，积极帮他们排忧解难。对于那些因为工作压力过大、工作遇到挫折而丧失信心的销售员，培训师要多给予他们鼓励和安抚，帮助他们重拾信心，勇敢面对困难；对于那些因为生活原因而情绪低落的销售员，培训师要尽可能帮他们解决一些生活难题，消除他们的后顾之忧，减轻其生活难题对工作的影响。

尤其是在带教前，培训师更应积极了解销售员对带教的各种疑问，为他们解答问题，采纳他们的建议。只有销售员的心结解开了，他们才可以轻装上阵，配合培训师将带教工作做好。

（3）确认辅导内容

培训师要确认带教期间针对销售员的辅导内容，这些辅导内容包括一般商品知识及销售技巧。此外，还有一些特殊内容需要培训师根据实际情况制订。比如，销售培训师要向销售员传授基本销售要点以及相关的商品知识，其中包括商品名称、种类、价格、特征、产地、品牌、制造流程、材质、设计、颜色、规格、型号、功能、性能、流行性、先进性、推广要点、使用方法、维护保养方法等。

另外，对于某些特定行业，培训师还需要掌握一些特殊的知识。以服装业为例，培训师不仅要让销售员掌握时装的质地、剪裁款式等基础知识，还要让他们熟练掌握为顾客量身的技巧，而且还要教会他们将服装品牌的优势与顾客的购买心理相契合的方法。通过这种培训，培训师要让销售员做到心中有数，更好地为顾客提供商品咨询服务。

（4）制订辅导方案

在确定好辅导内容后，培训师就可以制订具体的辅导方案了。辅导方案的内容一般包括辅导销售员的目的、辅导销售员的基本原则、销售员辅导调查分析、销售员辅导内容安排及经费预算、销售员辅导预算效果与评价等。

规范合理的辅导方案能使培训师的带教过程更为顺利，使所培训的知识更容易被吸收，极大地提升带教效果，使销售员都能快速地掌握技能，提升业绩。

（5）达成目标共识

实地带教是培训师通过在实战中亲身示范，对销售员进行辅导的过程。这个过程不是培训师单方面实施的，而是需要培训师和销售员双方共同努力才能够完成的，因此，培训师应与销售员在带教前进行沟通协调，就带教目标达成共识。这样，培训师就能充分调动起销售员学习的积极性，使他们自觉在带教中为了达成目标而努力。

3. 第三步：辅导

在做好前期的准备工作后，培训师就可以落实自己的带教计划，对销售员进行具体的带教辅导了。由于培训师的培训从这个阶段正式开始，销售员的能力能否得到提升也主要由这个阶段决定，因此辅导环节极为重要。它是培训师最基本的工作。培训师在辅导中可以采用以下 4 个步骤，如图 9-6 所示。

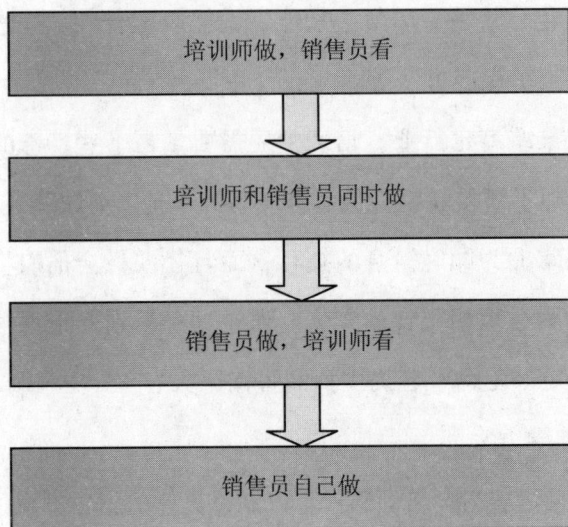

图 9-6　辅导销售员的具体步骤

（1）培训师做，销售员看

在带教过程中，培训师不仅要告诉销售员要做什么，还要告诉他们该怎么做，并亲自示范给他们看。讲解知识、教授方法、亲身示范这三项都非常重要，是带教最核心的部分，不可或缺。

如果培训师向销售员讲完基本知识后，就让他们自己去练习，缺少了亲自示范的环节，那么，销售员在练习时就很容易出现不知从何处下手的情况。虽然他们对相关的销售知识有了一定的了解，但是却不知该如何应用，这就导致了他们在实践中会遇到各种各样的问题，走很多弯路，影响业绩的提升。因此，培训师的示范很重要。

在示范的过程中，培训师要把基础理论知识穿插到示范当中，将理论与实践结合起来，加深销售员对销售技巧的理解，使他们在运用时更加熟练。

（2）培训师和销售员同做

培训师在亲身示范时，可以让销售员也参与进来，强化指导的效果。培训师做这一步的目的是为了进一步巩固销售员所学过的技巧。通常来说，销售员在头一次做销售时，往往会非常紧张，对所学的技巧掌握得比较生疏，容易出现问题。如果培训师能手把手地给予他们实战指导，就可以缓解他们的紧张情绪，帮助他们更快速地适应工作，掌握技巧。

（3）销售员做，培训师看

培训师让销售员自己做，是为了让销售员脱离"拐棍"，对所学知识能独立运用。这一步虽然要求销售员自己独立实践，但也要求培训师去看、去监督。培训师要在监督的过程中，仔细观察销售员的各种销售行为，对其犯错误的地方加以记录。当销售员完成推销后，培训师就应把他做错的部分指出来，并亲自指导。

（4）销售员自己做

在这一步骤之前，销售员自身已经亲自做了两遍了，对于大部分销售技巧都已经熟练掌握了。做这一步骤的主要目的是为了强化销售员对技能的掌握程度，杜绝他们在之前实践中所犯的错误，保证他们能在离开培训师的指导后，也能顺利完成任务。

在辅导的过程中，培训师还要注意保持耐心。因为通常在带教过程中，培训师所面对的都是销售新人，所以必然会遇到各种各样的相对低端的问题，培训师就要不怕麻烦，对他们的问题一一予以细致认真的解答，要把每一个细节都要教到位。对于一些销售员们经常犯错误的环节，也要不断对他们进行强化训练，巩固加深他们对知识的掌握程度。

　　培训师在辅导过程中要善于观察和聆听，这样，才能帮助销售员改正错误。同时培训师还应注意在辅导过程中摆正自身的心态，牢记辅导不是上级对下级的命令式指导，而是对销售员工作的支持，要让他们感受到培训师的关心和体贴，感受到企业的温暖，进而能以更加积极主动的态度参加带教，提升自己的销售能力，更好更快地成长起来。

　　4. 第四步：反馈

　　针对销售员在带教中的学习情况，培训师一定要对其进行后续的跟进。只有有了跟进，培训师才能对销售员的表现做出回应，并给他们以相应反馈。在这里，反馈不仅包括销售员对培训师教授内容的反馈，也包括培训师对销售员建议想法的反馈。表9-1是销售员对培训师的带教反馈表。

表 9-1　辅导结果反馈表

辅导课程			
培训师		辅导日期	年　月　日
评价项目	评价标准	评价结论	
辅导内容	您对辅导内容的理解程度	□完全□大部分□小部分□不理解	
	辅导内容对工作的帮助作用程度	□很大□较大□一般□无帮助	
	辅导内容与你的期望符合程度	□很符合□符合□一般□不符合	
培训师辅导	信息量大、知识面广	□很好□良好□一般□不好	
	系统性强、重点明确	□很好□良好□一般□不好	
	语言流畅、清晰易懂	□很好□良好□一般□不好	
	互动性强、形式灵活	□很好□良好□一般□不好	
	联系实际、课程合理	□很好□良好□一般□不好	
最终评价	你对此次辅导课程满意度	□很满意□满意□一般□不满意	
	以后有这样的机会还愿意参加吗	□很愿意□愿意□一般□不愿意	
本次辅导收获（可多选）	□获得适用的新知识　□获得可操作的工作技巧 □改变目前自己的工作状态 □获得与同事交流的额机会 □获得一些新的思想理念　□其他		
对此次辅导有什么好的建议			
感谢您对辅导工作的支持与配合！			

通过这张表格，培训师可以了解销售员的真实想法，以及他们在带教过程中所产生的一些困惑等。培训师也可以根据表格所反馈的结果，结合自己平时的观察，来综合评判销售员在带教过程中的表现，从而对销售员做出相应的反馈。培训师的反馈方式通常有以下两种。

（1）鼓励式反馈

鼓励式反馈是指培训师通过简短的语言指出销售员在销售细节上的优秀表现，比如，销售员的语言、语调、肢体语言等，来对销售员进行鼓励。鼓励式的反馈可以帮助销售员树立自信心，极大地提升他们的工作积极性，使他们以最佳的状态投入工作当中，也使销售员觉得他得到了培训师的重点关心，有助于激发他们的表现欲和工作热情。

培训师在进行鼓励式反馈时，可以这样说："刚才我看到你及时给顾客准备好了要推荐的鞋子，而且我也看到了你在了解顾客需求时很有耐心。我觉得你的表现非常不错，请你保持住这两点，继续加油！""我认为你接待顾客时的应变能力、在与顾客交谈时的语言表达能力都非常好，希望你继续努力。在这段时间，我会一直关注你的，有什么困难可以随时找我。"

（2）教育式反馈

教育式反馈主要是培训师针对销售员表现不足的地方提出问题、进行指导，帮助他们改进工作，进一步提升他们的专业能力，弥补不足。培训师在运用教育式反馈时，要及时指出销售员在服务中所出现的问题，同时应邀请他们积极参与讨论，不能一味地对他们进行批评教育。

"观察、准备、辅导、反馈"是培训师在带教环节应严格遵守的流程，培训师不能遗漏其中任意一个环节，要将带教工作真正做好，达到提升销售员专业能力，提升门店业绩的目的。

9.2　流程图分解表

在上一小节中，我讲了实地带教的步骤。在这一小节中，我将向大家介绍实地带教的具体内容和具体流程，并将其以图表的方式呈现。

由于每次带教培训的时长不同，我选取了培训时间各不相同的三个企业的带教流程表作为案例，来进行介绍，见表9-2、表9-3和表9-4。

表9-2　员工带教流程表

时　间		辅　导　内　容
第一周	第一天	公司文化，店铺作息时间，熟悉店铺情况
	第二天	公司及店铺相关规章制度，员工仪容仪表及着装要求
	第三天	熟悉卖场情况，了解企业各品牌产品情况及区域分布
	第四天	所有品牌的了解与学习、基础知识辅导（通用卖点）
	第五天	与顾客打招呼及拉近距离的技巧
	第六天	对前五天学习的内容进行总结、演练
	第七天	对前五天学习的内容进行总结、考核
	员工填写	是否完整了解以上内容？□是　□否　员工签字：　　日期：
	培训师填写	对员工这一阶段表现评价 □A　□B　□C　培训师签字：　　日期：
第二周	前三天	了解、熟悉商品，商品卖点辅导（个性化卖点）商品卖点演练
	第四、五天	学习销售流程
	第六天	演练顾客接待与销售流程
	第七天	对本周学习的内容进行演练，考核
	员工填写	是否完整了解以上内容？□是　□否　员工签字：　　日期：
	培训师填写	对员工这一阶段表现评价 □A　□B　□C　培训师签字：　　日期：
第三周	第一天	学习商品及饰品摆放知识
	第二天	学习日常的商品保养知识
	第三天	学习店铺开单知识
	第四至六天	参与日常销售接待，辅助销售
	第七天	对本周学习的内容进行演练、考核
	员工填写	是否完整了解以上内容？□是　□否　员工签字：　　日期：
	培训师填写	对员工这一阶段表现评价 □A　□B　□C　培训师签字：　　日期：
第四周	第一至四天	一对一销售接待，培训师对其销售流程进行指导、接待顾客帮扶
	第五至六天	学习ERP系统操作，实操ERP系统的查询，录入等功能
	第七天	对四周学习的内容进行现场演练、考核
	员工填写	是否完整了解以上内容？□是　□否　员工签字：　　日期：
	培训师填写	对员工这一阶段表现评价 □A　□B　□C　培训师签字：　　日期：
总结及评价		
培训师对员工的评价		员工一个月综合表现考核评价 □A　□B　□C　评语：
员工学习小结		

　　表 9-2 所反映的是持续时间为一个月的带教过程。在表 9-2 中，我们可以看出，培训师将这一个月分为四个周期，以周为基准，对销售员进行辅导，并在每周末进行一周总结和评价。这样做的目的就是帮助销售员更好地认清自己，认识到自己在培训过程中的不足，进而努力改进，提升自身的销售能力。

　　表 9-3 是周期为 8 天的带教的流程表。

表 9-3　新员工实地带教流程

时间	培训师带教流程
第一天	熟悉公司的作息时间，了解公司基本状况，基本服务礼仪与动作规范，学习做迎宾。 上班时间：10:00—19:30　　　12:00—21:00（转正前） 　　　　　　10:00—16:00　　　14:30—21:00（转正后） 备注：时间根据季节调整。 管理手册：××商贸简介（了解即可，培训师须以解说的方式进行）； 服务礼仪：1）仪容仪表标准； 2）服务动作规范（站姿、蹲姿、距离、手势、角度）；3）学习做迎宾（声音、表情、语调、迎宾位置） 4）电话礼仪
第二天	了解公司的考勤制度，商品的风格分类及陈列 相关制度的了解：《考勤制度及请假报批程序》《离职程序》； 商品风格分类 ①以鞋来区分：男鞋、女鞋、童鞋 ②以季节来区分：春秋单鞋、夏季凉鞋、冬靴 ③以鞋头区分：尖头、圆头、方头 ④以鞋跟来区分：平跟 3cm 以下、中跟 3.1cm~5cm、高跟 5.1cm~8cm、特高跟 8.1cm 以上 　⑤以鞋帮来区分：凉（拖）鞋、中空鞋、浅口鞋、满帮（低腰）鞋、短靴（筒高 14cm 以下）、中靴（筒高 15cm~22cm）、长靴（筒高 23cm~36cm）;（以店铺现有货品实物讲解方式进行带教） 了解什么是陈列，为什么做陈列、陈列标准及陈列原则
第三天	掌握《会员卡》的办理及使用规范，相关票据的填写及操作流程，鞋类产品从哪六个方面进行描述。 　"会员卡"的申办标准及使用细则； 相关票据：《销售单、销售退货单》《调拨单》《会员单》正确填写； 鞋类产品从：楦型、皮料、底材、高度、风格、线条六方面描述(以实物操作讲解带教为标准）； 细节重点的掌握及实操应用

时间	培训师带教流程
第四天	了解鞋类基本皮料、材质的特性及打理保养方法，所属品牌货号含义，FABE\法则应用，轮流做迎宾。 皮料特征及打理方法、皮料的分类（牛、羊、猪、打蜡、漆皮、磨砂皮）、以店铺现有货品实物讲解方式进行带教； 了解所属品牌货号的含义； 服务技巧之FABE、含义理解及应用； 细节重点的掌握及实操应用
第五天	学习掌握公司销售技巧及服务规范流程和语言表达标准、掌握做报表及相关单据技能，初步了解库存及货品摆放位置，服务五、六步、协助做销售。 1. 销售技巧：ＵＳＰ／ＡＩＤＡ的含义及实操应用（以场景模拟带教实操为主） A:注意 　1）商品陈列　　2）导购员的仪容、仪表　　3）精神饱满、热忱的招呼（三声）4）卖场气氛 　I：兴趣 　1）接近顾客了解顾客购物动机　　2）让顾客触摸商品 　3）有效介绍货品的特性及卖点　　4）为顾客做参谋　　5）邀请试穿 D：欲望 　1）介绍FAB及USB　2）强调物超所值不可代替　　3）化解顾客疑虑及异议 A：行动 　1）把握时机完成交易　2）介绍打理知识 3）介绍其他配成产品　　4）付款过程快速 USP （Unique selling piont）独特销售点： 　质料、设计款式、手工、处理方法、色彩、价钱 2. 开放式与封闭式的语言技巧：产品推荐：　　促成销售：　ＣＯＣ 3. 初步了解库存及货品的摆放位置、辅助老员工做销售 4. 掌握报表的正确填写、各项单据的电脑操作
第六天	进一步加深了解相关制度 1. 相关制度了解：《错码鞋的赔付》《卖错价格》《库房制度》《对拥归属原则》《需举例分析》 库房管理制度 　1）不得在货仓闲聊或睡觉；　　2）不得将非公司人员带入货仓 ；3）不可将货品倚墙放置或直接堆放在地面；　4）随时关闭货仓门，注意防盗；　5）每日打扫仓库，做到摆放整齐，库内整洁；　6）私人物品放到指定位置，不许与商品混放；　7）每日清点货仓物品，签字确认。 2. 库房货品整理要求 　1）依照货品种类分区摆放；　2）按照货品年代不同分类摆放；　3）按照货品季节分类摆放；　4）按照货品代码的字头摆放；　5）少量特卖货品可按照价格共性归类摆放 。 3. 细节掌握及实操应用

时间	培训师带教流程
第七天	巩固员工对所属品牌产品卖点、特性的掌握及应用，相关制度及日常行为规范的了解与掌握。 1. 训练员工对产品卖点、特性的把握及实操应用（模拟场景演练）； 2. 相关制度之《到货、收货、验货、送货流程》，掌握并应用； 3. 日常行为规范的了解重点
第八天	正确的工作态度，分工协作能力及同事的互相协作性，经验分享，按服务标准为顾客提供服务。 1. 让员工了解正确的工作态度并树立正确的工作态度，积极、乐观、宽容、勤奋、踏实；2. 教会员工工作应怎样配合及完成，达到与同事的互助协作性；3. 按服务八大步骤的要求为顾客提供服务、无顾客投诉；4. 经验分享

一般来说，表 9-3 所示的为期一周左右的带教培训比较常见，这种带教培训虽然周期比较短，但是内容和流程都比较详细。我们可以将整个带教流程总结为"做好准备—分段教导—提出标准—我做你看—你我同做—你做我看—及时反馈—及时调整"。这个流程基本符合我之前所提到过的带教的 4 个步骤，而且内容极为详尽，能使销售员更快速地适应工作岗位。

表 9-4 是周期为 3 天带教流程表。

表 9-4　某服装企业销售培训师带教流程表

辅导项目	暗　语	服务礼仪	语言模板	销售六步法
辅导要点	暗语执行的目的 暗语内容（销售暗语、电务暗语）	着装标准 站姿标准 待客标准	礼貌用语 销售语言模板	迎宾、待客和推荐、试衣、收银、送客、还原归位
预计辅导时间	半天	一天	三天	三天
辅导教材	终端零售门店 暗语制度	服务礼仪标准	礼貌用语 销售语言模板	终端零售服务 基本标准
培训方式	制度讲解	制度讲解	实操	大型培训
考核方式	日常工作检查	日常工作检查	日常工作检查	日常工作检查
考核培训师				
考核结果				

在表 9-4 中，这次带教虽然周期只有三天，是一个针对新员工入职的集中培训，但从带教内容上看，它依旧符合了我之前所提到的 4 个步骤，

即"观察—准备—辅导—反馈"。

在这里，我要着重强调的是，培训师在带教新销售员的时候，必须严格按照流程来进行，不能忽略任何一个环节。不论缺失哪一个环节，都会使带教的效果受到影响，甚至让培训师的所有努力成为无用功。

我在做培训工作中，每年都会碰到一些不太负责的培训师，他们在带教时总是粗枝大叶，认为某个小细节不重要，可以不用培训，结果降低了培训的质量，使整个带教工作前功尽弃。

本章，我重点讲述了带教的相关流程，这些都是培训师们通过实践总结出来的经验，希望能够给读者带来一些启发。

第10章　实地带教业绩提升方案

门店业绩是整个企业销售业绩的基础。只有每个门店都取得了良好的业绩，企业的销售业绩才能取得突破，企业的整体实力才会获得提升。

因此，销售培训师的带教工作对企业来说格外重要，它能通过提升销售员的能力，来促进门店业绩的提升，是企业发展的助推器。在本章，我将具体介绍销售培训师通过实地带教来提升门店业绩的一些具体方案。

10.1　实施店铺销售数据分析

销售培训师在带教前首先应对店铺的销售数据进行分析。

销售数据是一个门店销售业绩的最直观反映。我们可以通过销售数据看出门店业绩是否达标、门店何时业绩最好何时业绩最差、门店何种商品销量最高等信息，再通过对销售数据的分析，看出其背后潜藏的深层次原因，找到改善运营的方法。

培训师在带教过程中，要对店铺销售数据进行分析，并根据数据分析得出的结论，制订规范化、制度化、标准化的带教流程。

为此，培训师应按照时间节点来绘制表格，以每天、每周、每个月为标准，把相应时间段内的销售数据填入表格中，以便分析，并从中看出问题。常用的数据分析工具有 Excel 软件、企业运营管理软件 ERP 系统等。

通常来说，培训师可以从以下 5 类数据入手，进行分析，如图 10-1 所示。

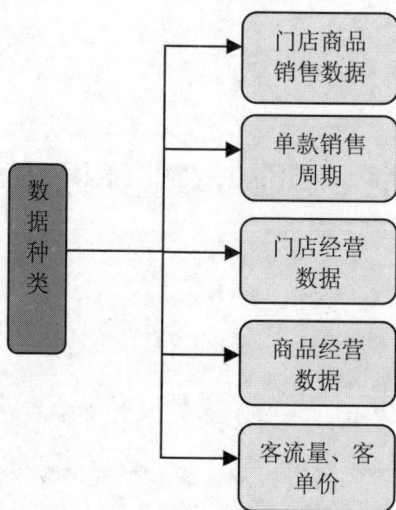

图 10-1　常用于分析的销售数据种类

1. 门店商品销售数据

分析门店商品的销售数据，可以使培训师分辨出一家门店的畅销款和滞销款商品，是培训师进行数据分析的最基本的工作。

商品的销售数据能直接反映出该商品的畅滞销程度。而分析畅滞销款的意义就在于它能够帮助培训师提高订货的准确度，使他们能通过对不同款式商品的销售数据进行对比，判断出要补货的数量，从而对畅滞销款的订货数量有一个准确的把握，并快速补货，避免缺货现象发生，同时也能帮助培训师准确把握商品品牌的风格定位，提高畅销款式的利润贡献率，并针对滞销品及时采取促销等方法，减少门店的损失。

对门店商品的销售数据进行分析，还能帮助培训师查验门店陈列、销售员推荐的程度，比如，某种款式的大衣订货数量很多，但是销量却一般，培训师应该去查验一下这款大衣是否摆放在了门店的重要位置，销售员是否重点去推荐了这款大衣。

在分析门店商品销售数据时，培训师可以从时间和款式两个方面入手。从时间上来说，培训师要分析每周、每月、每季的销售数据；从款式上来说，培训师要分析商品的整体款式和各类别款式的销售数据。

2. 单款销售周期

单款销售周期指的是某一个商品款式销售的总时间跨度以及该款式在该段时间的销售状况。它通常指的是商品的正价销售期，并不包括促销降价期。

对订货量和库存量比较多的款式做单款销售周期数据分析，可以使培训师判断出门店是否缺货或者是否产生了库存压力，进而及时采取相应措施。

单款的销售周期数据主要受商品销售的旺季和淡季、款式自身的特点、门店内相近款式商品的竞争等因素影响。

一般来说，某单款销售周期数据出现下滑的主要原因有 3 个：一是销售的旺季淡季，比如天气渐热，冬款服装销量下滑；二是销售周期已到，比如某个热点已经过去，与该热点相关的产品销量下滑；三是门店中出现了一个与该款商品相似的款式，顾客比较青睐新款而导致旧款销量下滑。在某单款销量出现下滑时，培训师针对不同原因，可以采取以下做法。

对于第一种原因，培训师可以选择等旺季到来再重点陈列该款商品，同时应考虑自己的上货时间是不是存在问题；对于第二种原因，培训师应及时促销，以提高该款式的竞争力，降低库存风险；如果是第三种情况，培训师则应考虑把与其竞争的新款商品陈列在门店一般的位置上，而把该款商品陈列在较显眼位置上。

培训师如果在分析单款销售周期时，发现该款式还有一定的销售潜力，则应继续分析估算出该款商品还能被销售多少，再结合门店现有的库存量，决定是否需要补货，如需要补货的话，应及时补货，以减少缺货带来的损失。

培训师在分析单款销售周期的数据时，可以使用 ERP 系统、Excel 软件等工具，在具体操作上，可以选定单款销售周期内的日销售量，利用 Excel 软件的图表功能绘制矩形图或折线图看销售趋势，进而预测出该款商品的销售周期。

3. 门店经营数据

门店经营数据分析包括毛利分析和门店商品库存分析。

毛利分析：培训师通过经营数据计算出门店本月毛利率，并将其与门店去年同期的毛利率做对比分析。通过分析，培训师可以了解到同比毛利率状况，以及该商品的销售是否在商品毛利方面存在不足。

门店商品库存分析：培训师通过经营数据分析出门店本月平均商品库存、周转天数，并与去年同期情况做对比。通过分析，培训师可以看出门店库存是否出现异常，是否出现了库存积压现象。

4. 商品经营数据分析

商品经营数据分析包括商品目录执行情况分析和特价商品销售分析。

商品目录执行情况分析：商品目录执行情况主要包括本店执行商品目录情况、经营业态主力商品情况、新品引进情况、淘汰商品清退情况等。

通常来说，企业总部在每月第一天都会将最新目录主力商品货号、目录新引进商品货号、目录淘汰商品货号发至各门店，门店根据相关货号查询出相关商品的经营情况，特别是主打商品、新引进商品的销售情况，以及淘汰产品的清退情况。

通过对该数据进行分析，培训师可以了解门店是否按照企业总部的商品目录调整指令，进行了门店的商品结构调整。

商品目录执行情况分析又包括商品款式分析和本月商品引进分析。

商品款式分析是指培训师对门店本月各款式销售比重与去年同期对比情况，门店本月各款式商品毛利比重与去年同期对比情况进行分析。对门店所有商品的销量和毛利做分析和同期对比，可以帮助培训师找出差距，提出改进方案。

本月商品引进分析是指培训师对门店商品的销售利润、毛利、动销率、适销率、销售额，以及其是否对门店销售业绩的提升做了贡献，是否与门店订货相匹配等因素进行分析。这种数据分析可以帮助培训师在以后的商品款式订购中做出优化调整。

特价商品销售分析：采用这种数据分析，培训师要对特价商品款式执行情况、特价商品销售情况、特价商品占比情况、与前期销售对比情况等进行分析，并将本月特价商品销售情况与特价前相同天数的商品销售情况进行对比分析。通过分析，培训师能够看出门店推出特价商品所带来的业绩提升效果，以及门店的特价商品在销售中存在的问题。

5. 客流量、客单价

客流量、客单价主要是指门店本月平均每天的人流量、客单价情况，及其与去年同期的对比情况。培训师在分析门店客流量、客单价时，要特别注意将门店在促销活动期间的数据与促销活动前后的数据做对比分析，并通过分析看出促销活动对提高门店客流量、客单价所起作用的大小。

在日常工作中还有一些其他的销售数据也需要培训师做出分析，这里就不再一一赘述。无论对于哪方面的数据，分析只是一个开始，培训师要做的关键是，要根据数据分析所得出的结果找出门店存在的问题及可以挖掘的潜力，在接下来的带教中有针对性、有侧重地展开培训，提升销售员的某项销售技能，弥补门店的不足，提升门店的业绩。

10.2 实施店铺实地带教业绩提升方案

在数据分析的基础上，培训师应通过实施店铺实地带教业绩提升方案，落实实地带教计划，全方位对销售员进行辅导，提升销售员的销售技巧，尽快达成提升店铺业绩的目标。

实地带教业绩提升方案主要有以下几个阶段。

第一阶段：熟悉准备阶段

在带教开始前，培训师要向参加辅导的销售员强调他们在带教期间要遵守的纪律和规则，而后要与销售员一起分析门店的整体情况，通过对门店基本费用、运营成本、库存等方面的数据分析，让每个销售员都对门店目前的经营状况有深入的认识，为他们树立明确的目标和改进工作的方向。同时培训师还要对附近类似店铺的服务情况、销售员情况、陈列情况、环境、氛围等方面进行了解，做到知己知彼。

培训师还要与店长进行沟通。培训师应向店长主动询问，了解店铺业绩、产品情况、销售员结构以及形象管理问题，并做好详细的记录。同时培训师还可询问门店附近各品牌商品的经营状态和优势。由于店长对店铺比较熟悉，与店长做好沟通可以帮助培训师快速掌握店铺所在位置的商圈结构、品牌组合、客流动向（顺逆之分）、竞争店铺面积、店铺形象、人员情况、户外广告、促销活动等重要信息。

　　培训师要查看店铺近期的销售报表。通过销售报表，培训师能够了解店铺的各项销售数据，比如，进店率、试穿率、成交率、连带率等，并找出其中潜藏的问题。为此，培训师应在带教前一星期通知店铺提供客流分析统计表格，为自己有针对性地展开带教做好准备。

　　培训师要对店铺整体外观进行检查分析，在检查时，要从店铺形象和店铺陈列形象两方面入手。在对检查店铺形象时，培训师要重点检查门店的标志、灯光、门前卫生、陈列用具等基础设施，检查灯光布局是否合理，灯管有没有损坏，是否需要增添，灯光方向是否打得准确等。在对检查店铺陈列形象时，培训师要重点检查橱窗、展桌、通道、各商品展区和货架、工作使用区、收银台、仓库等，检查店铺陈列的道具模特装扮是否符合当季主题，渲染气氛的道具是否被准确运用，有没有破损。

　　培训师要对店铺销售员工作状态进行检查，要检查销售员的排班是否合理，销售员妆容是否符合规范，工服是否统一，工号牌是否佩戴正确，声音是否洪亮，普通话是否标准，能否将各项商品特点和活动细节介绍到位，在面对顾客能否热情展示微笑，接待顾客是否积极，是否具有亲和力，在没有顾客上门时精神状态是否依然饱满，是否愿意积极地学习商品知识和工作技巧等。

　　培训师还要注意观察店铺中的工作氛围。了解销售员是否具有团队合作意识，店铺中是否有浓厚的销售协作氛围等。

　　第二阶段：分析阶段，制订合理的销售目标

　　培训师要了解目前店铺的运营状况和预期的差距，根据现状合理制订销售目标。具体来说，培训师要分析以往的销售数据，根据分析结果了解店铺商品的畅滞销情况，有效准确地安排订货量。

首先，培训师应把门店总体销售目标细分成小目标，再把小目标分配给每位销售员，使每个销售员分工明确，都有其负责的任务和要达成的目标；然后，培训师要让销售员们循序渐进地完成每个目标，在完成过程中要保证推进有序，切不可急功近利，要对销售员的工作进行监督考核。

第三阶段：行动阶段

培训师根据销售目标，为销售员制订具体的销售计划，并监督执行。在计划执行的过程中，培训师要监控计划的整个执行过程、销售员的目标落实情况，并根据销售员在执行过程中所遇到的问题，制订合理的调整方案，帮助销售员解决问题，提升业绩。

具体来说，培训师要做到两点。

培训师要实行分工合作。为此，培训师可以将店铺销售员进行分组，例如服务组、产品组、专业组等，并为每个组都安排相应的工作内容。这么做可以极大地提高销售员的工作效率。

培训师还要注重反馈。培训师必须要跟进销售员的每一项工作，并根据他们遇到的问题，制订相应措施，做出反馈，为他们解决问题。在解决问题的过程中，培训师要不断总结反思，改进工作策略和方式方法，进而做出相应的调整。

第四阶段：综合阶段——规范运行标准

培训师要和销售员一起对前一阶段的业绩进行总结，公开销售结果，并与前期的情况对比，通过与大家一起交流销售经验，逐步建立起门店的运营标准，规范后期的运营模式。

第五阶段：成效阶段

成效阶段是培训师对阶段工作成果进行分析的阶段。培训师只有对前一阶段绩效成果有了准确的把握，才能据此来组织开展下一阶段的工作。如果门店在这一阶段的业绩有明显提升，那么，培训师可以继续执行之前的计划。如果业绩没有得到明显提升，培训师就要重新调整方案。

店铺业绩的提升不是一朝一夕就能完成的，而是需要培训师通过长期积累经验，不断调整运营策略才可能实现的。因此，培训师首先要有充分的思想准备，要端正态度，保持耐心，为销售员树立拼搏进取的榜样。

在店铺业绩提升方案实施结束后，培训师和销售员都要对自身的工作进行阶段性的总结和反馈。培训师应和销售员进行相应的沟通，跟进和落实最初制定的目标计划，并对店铺业绩提升方案进行评估与改进。

10.3　实施店铺实地带教计划

实施店铺实地带教计划是培训师具体开展带教工作的阶段。实地带教可以提高销售员专业素质和专业能力，进而提升门店的销售业绩，规范他们的标准服务流程。为此，培训师可以从销售技巧、店务管理、仪容仪表、服务技巧这 4 个方面，对销售员展开辅导，落实带教计划，如图 10-2 所示。

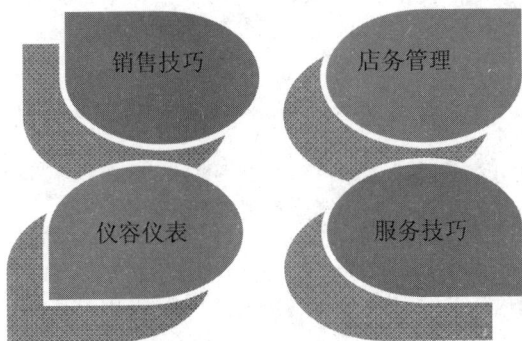

图 10-2　培训师实地带教计划内容

1. 销售技巧

培训师可以按照顾客购买行为的发展顺序，将销售技巧划分为迎客行为、需求挖掘、商品推荐、促成销售、送客技巧5个部分，如图10-3所示。

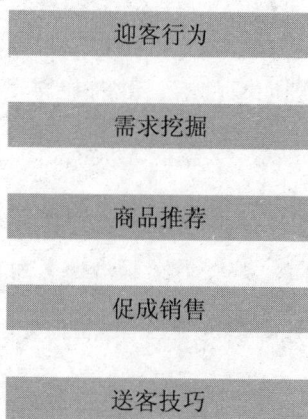

迎客行为

需求挖掘

商品推荐

促成销售

送客技巧

图10-3　销售技巧

（1）迎客行为

迎客行为包括销售员在接待顾客所用到的语言、动作手势、面部表情等各方面行为。优秀的迎客行为显然不是仅限于"您好""欢迎光临"这种干瘪的问候语，还应包括肢体语言、眼神等细节，这是培训师在辅导销售员时要格外注意的地方。培训师要通过对销售员服务细节的矫正，使每个销售员都逐渐养成良好的服务习惯，提升门店整体的服务质量。

（2）需求挖掘

需求挖掘就是指销售员要在与顾客交谈中，通过自己的观察、试探，挖掘出顾客潜在的购买需求。销售员要根据所服务的顾客的个人品位、气质、谈吐等特质来推断出顾客的需求。当然，一个人的外在谈吐可能无法完全呈现出他的真实想法和需求，这就需要销售员在与顾客的交谈中获取信息了。洞察力强，经验丰富的销售员往往能够迅速挖掘出顾客的购买欲望，并为其推荐最合适的商品。

（3）商品推荐

在了解顾客的信息后，销售员要根据顾客的需求为其推荐最适合的商品。在推荐商品时，销售员要注意切忌为了业绩盲目推荐产品，更不应该追着顾客一直推荐，从而引起顾客的反感。要在征求顾客的同意后，再向其推荐商品。

（4）促成销售

当顾客犹豫不决时，销售员可以替顾客做出决定。比如"我帮您拿一套""我帮您包起来"等。销售员要把握好时机，主动促成顾客下单，而并非单纯等待顾客购买。如果销售员不主动促成订单，顾客本就不坚定的购买欲望很可能就会动摇，进而说出"我再比较一下""我再考虑考虑"等。在促成销售时，销售员可以采用假设成交法、激将成交法等。

（5）送客技巧

送客也是销售的重要环节，销售员不要以为顾客买单后，自己的工作就完成了，不再去搭理顾客，要做好服务的每个细节。当顾客付款之后，销售员要帮顾客将商品打包整理好，要把购买的商品装入购物袋，当顾客走出店门时，要轻轻鞠躬，说"谢谢您的惠顾，欢迎下次光临"等礼貌性用语。

2. 店务管理

店务管理主要包括人员管理和货品管理两大部分。

在人员管理方面，培训师要做好销售员工作及各项事务安排，确保销售员的仪容仪表得体大方以及制服整洁统一。其具体工作包括：向销售员明确门店工作纪律；实施销售员的奖励与处罚制度；督促销售员填写各类工作报表；监督和审核销售员的工作；公正公开地对销售员的各项工作指标进行综合评估；进行销售员业绩的考核。

　　培训师还应对新入职的销售员进行销售技巧和基本商品知识培训，并帮助老销售员改进工作方法，提升能力。此外，培训师还应协助店长营造良好的团队氛围，调动销售员的工作积极性。

　　在货品管理方面，培训师要对货品进行合理安排，做到货架整齐、美观，商品的账目和销售情况细致准确。

　　其具体工作包括：督促销售员定期更换门店内所陈列的货品，确保货品符合时下潮流；确保门店广告宣传品的投放数量和陈列位置符合要求；每天检查货品数量、货品完好程度，做好账、物的管理；核对每日进、销、存货品的数量，确保准确无误；严格按照总部制订的货品价格进行销售，不得随意篡改价格；服从总部货品的调配与安排，顾全销售大局；在制订商品促销计划与开展促销活动时，实时掌握店铺销售动态，随时向总部反映畅滞销品的销售情况，避免给企业造成不必要损失。

　　对日常事务的落实是完成门店年度、季度、月度的销售目标的前提。总的来说，培训师在进行店务管理时，应做到时时留意市场动向，及时反馈销售信息，向总部提出合理的促销计划；应注意保持门店清洁，为顾客创造干净整洁温馨的购物环境；应注意维护店内基础设施，如发现设施损坏，应尽早通知维修人员进行维修，确保门店设施及货品的安全；在门店内发生营业纠纷时，应帮助销售员妥善处理顾客的投诉，维护门店的良好形象。

　　3. 仪容仪表

　　门店形象的好坏与销售员的形象有很大关系，因此，培训师应对销售员进行规范化培训，要求他们注重自己的仪容仪表，使其符合门店的规定。一般来说，培训师在培训中可以从统一淡妆上岗、统一工服着装、统一悬挂工牌、统一发型发饰 4 个方面入手，来对销售员展开培训，如图 10-4 所示。

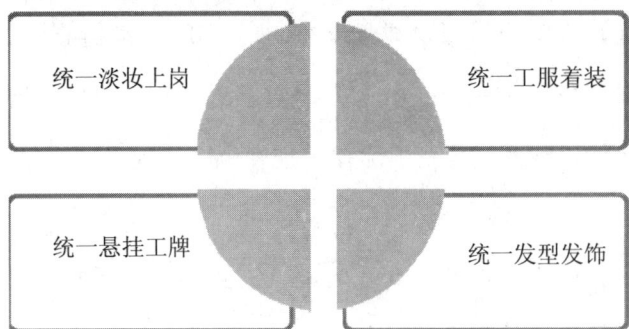

图 10-4　仪容仪表的规范化培训

（1）统一淡妆上岗

门店的销售员在每日上岗前应化淡妆，应以淡雅、清新、自然为宜，避免浓妆艳抹或使用气味浓烈的化妆品及香水。简单大方的形象会帮助销售员拉进与顾客之间的距离，使顾客产生好感，促进交易的达成。

具体来说，销售员在选择口红颜色时，要选择普通低调的颜色，不宜夸张；在画眉时，要以深棕色为宜，要轻轻描出眉形，体现出落落大方的感觉即可，切忌把眉毛描得过黑、过浓；在选择睫毛膏时，要以黑色、深紫、深蓝色为宜，不要浓妆艳抹。

（2）统一工服着装

统一的服装会彰显门店良好的管理制度。销售员在每日上岗前应穿戴统一的工装，并保证工装干净、齐整，没有明显的污垢与褶皱，衣扣结实牢靠，领口、袖口清洁。销售员还应统一穿黑色小跟皮鞋，应保持鞋面光亮整洁，在选择丝袜时，要以肉色为宜，不能破损，不能露出袜口。总之，销售员要保证着装清洁自然，体现企业规范严谨的形象，避免服装邋遢，给顾客留下不好的印象。

（3）统一悬挂工牌

销售员在每日上岗前均要佩戴统一的门店工牌。在佩戴工牌时，销售员要保证将佩戴位置统一于左胸上方，与第二个扣子对齐。这样做可以保证全体销售员能以整齐、规范的形象呈现在顾客面前。

（4）统一发型发饰

通常来说，门店销售员以女性为主。因此，培训师要在发型上向她们提出要求，比如，要把刘海梳理整齐，做到长不遮眉，不留奇异发型；在发饰上，要以黑色为宜，不要佩戴彩色发饰。

除了这些外在的静态的规范要求，培训师也要对销售员的仪态举止做出要求，比如站姿。在站姿上，销售员要做到全身笔直，两眼平视，表情自然，两肩平齐，两臂自然下垂，身体重心落于两腿正中。而在接待顾客的时候，销售员要做到身体稍向前倾，面带微笑，并通过肢体语言展现热情，以饱满的精神面貌面对顾客，用礼貌热情的服务感染顾客。

除了面部和身体以外，手也是销售员展现自身形象的重要途径。所以培训师要对销售员的手做出相应的规范。销售员要保持手部清洁美观无污垢，要经常修剪指甲，保持指甲清洁、整齐；可以涂透明色指甲油，但绝不能涂颜色鲜艳的指甲油，不能在指甲上画图案；保证指甲的长度不超过指尖 2 毫米，不要留有黑边；保证手腕上除了手表外，不戴其他饰物，不戴工艺、卡通等形态夸张的手表；保证所戴的手表表带为金属或皮质，宽度不超过 2 厘米。

4. 服务技巧

服务技巧是销售员为顾客提供服务的方式方法，销售员将服务技巧运用得得体恰当，会极大地提升服务质量，给顾客留下深刻的印象，提升顾客对门店的满意度，而这也是门店吸引顾客的重要因素。因此服务技巧也是销售培训师进行培训的重点内容。下面我以服装门店为例，向大家介绍一下门店服务技巧的主要内容。

（1）试穿服务

试穿是顾客购买服装的最关键环节。因为顾客只有试穿，才能真正看出衣服在自己身上的穿着效果。一次好的试穿体验能够大大增加顾客下单购买的欲望，所以销售员一定要做好顾客的试穿服务。那么，销售员具体要如何做？

在顾客试穿前，销售员要根据顾客的身形，准确找到顾客要试穿衣服的尺码，并将衣服的纽扣或拉链打开，方便顾客试穿。当顾客穿上服装后，销售员应带顾客来到镜子前，让顾客查看自己的试穿效果，并帮其整理衣服，如帮客人拉上拉链，扣上扣子，翻正领子等，让顾客感觉到体贴周到的服务，更好地激发他的购买欲。在顾客查看试装效果的过程中，销售员应把该衣服款式和工艺的优点与顾客的气质相结合，向他介绍，并对他进行夸赞，让顾客觉得该款服装就是最适合自己的，就是为自己量身定做的，从而最终促成交易。

如果顾客对试穿效果不满意，销售员应先向其询问原因，并做出相应的回答，打消顾客的疑虑。而后再主动介绍其他款式给顾客试穿。

试穿服务不仅适用于服装门店，也适用于其他类型的店铺。比如经销饰品、鞋子等商品的店铺。

（2）收银服务

一般来说，收银是一次交易的最后一步。如果销售员在这一步服务上做得不好，也可能造成交易流产，使前面的努力付诸东流。那么，销售员该如何做好收银服务？

首先，销售员应在收钱后告知顾客收到的货款金额、找零金额，并将付款凭证和找零一并交与顾客，嘱咐顾客保留付款凭证。

其次，当顾客完成付款，从收银处返回后，销售员应查看货联单，将顾客刚才购买的衣服交给他，并提醒他再次确认其所购物品，同时感谢他的惠顾。在这里，销售员常用的话语主要有"这是您的××（产品），请确认一下""谢谢您的惠顾，期待您的下次光临，您慢走"等。在向顾客交递商品时，销售员要双手呈上，让顾客感受到自己的热情服务，获得良好的购物体验。

以上便是培训师在实施实地带教中所要教授给销售员的主要内容。培训师要通过对各培训内容系统细致的讲解和对销售员严格的监督，为门店打造出训练有素的销售团队，使销售员和门店的精神面貌焕然一新，进而提升门店的业绩。

第11章　管理优化关键技术点

优化门店管理，进而提升店铺业绩，提升企业实力，是很多企业在管理上遇到的核心问题。这个问题的答案既简单又复杂。说它简单，是因为大家都知道优化门店管理是培训师的职责，只要培训师把带教工作做好就自然使门店管理得到优化。说它复杂，是因为培训师的带教工作是极其复杂的工作，需要培训师解决其中的诸多难题。所以，克服带教工作中的困难，使带教工作发挥积极作用正是门店管理优化的关键技术点。

销售培训师进行带教店铺诊断，能够找出店铺问题所在；销售培训师不断优化带教计划，能够使带教事半功倍；销售培训师在带教前举行带教启动会，能够增强销售员们的积极性；销售培训师在带教过程中注意销售关键技术指引能最大限度地发挥管理优化的效果。

11.1　带教店铺诊断分析

店铺业绩一直不见起色，必然是门店中的各种问题导致的。对店铺诊断进行分析，找出问题所在，并加以解决，正是优化店铺管理的重要方式。因此销售培训师在带教销售员之前，要对店铺问题进行诊断分析，找出店铺存在的问题并及时采取相应对策。

下面，我列举一些店铺中经常出现的问题，为大家提供一些参考。

1. 门店日常事务管理无序，服务质量低

这个问题的具体表现是：顾客走进一家店铺，等了十多分钟，都没有得到销售员的接待，甚至在大声呼唤了销售员之后，也不见人影。

虽然这种情况多数出现在节假日等店铺客流量大的时间段，但客流量过大不应该是店铺服务跟不上的理由。正相反，一家服务质量过硬的店铺应该在任何时间都能为每一位顾客提供优质的服务。从根本上讲，造成这种情况的原因还是店铺的管理方案出了问题。

2. 销售员缺乏技巧训练，在工作时失误不断

举个简单例子，新销售员在上岗后经常会犯的错误就是给顾客拿错商品，或者找了很长时间也没能为顾客拿到合适的尺码。这种情况就是员工缺乏技巧训练导致的。由此，我们可以毫不夸张地说，没有经过专门带教训练的销售员所做的很多事情都不是在促成交易，而是在不断地赶走顾客。

3. 门店团队凝聚力不强，销售员协作不顺畅

很多门店都存在店长和店长助理不和的问题。比如，店长好不容易成功跟顾客谈妥了一笔交易，可就在下单时，店助却找不到合适的尺码了。这样一来，不仅交易搁浅，而且也会让顾客认为店家在浪费他的时间，进而对店铺产生不好的印象。

这种问题的根源就在于店长和店长助理没有进行良好的沟通协调。如

果店长助理在确认了库存之后及时汇报给店长，就可以避免问题的发生。因此，针对这个问题，培训师就要在带教中做好沟通流程的规范工作。

4. 销售员积极性不高

店铺的业绩不佳，往往跟销售员的工作状态有直接的关系。如果销售员在接待顾客时精神不佳，神情倦怠，也会极大地降低顾客的购买欲望。这种积极性不高的工作状态大多出现在销售员入职一段时间之后，虽然在这段时间内，销售员的工作经验长进许多，工作积极性却不如刚入职的时候。这是门店缺少竞争或者门店激励机制不完善导致的。针对这一问题，培训师就应定期对销售员进行考核，完善奖惩机制，调动销售员的工作积极性。

5. 店长管理不当

店长作为直接参与店铺日常事务管理的管理人员，其管理方式不当，必然也会给店铺业绩带来负面影响。很多店铺的店长出身一线，认为管理就是以身作则，事事亲为，对门店内的大事小情都要参与，结果却事与愿违，店长每天很累，销售员的能力却没能得到提升。

由此，我们可以看出，店长的管理方式出了问题。店长不是小组长，在管理上应该注重将自身经验转化成工作标准，对销售员进行标准化管理。事事亲为的管理方式容易过多占用店长的精力，使自己无暇他顾。店长应该把更多的精力投入门店的经营分析和管理活动中。

6. 店铺运营缺乏流程、规范

有的店铺没有标准化管理工具。由于没有参照的标准，每遇见一件棘手的事，店长都得想办法去解决问题。这些事情往往都很琐碎，比如上班打卡、工装检查等，虽不大，但却在工具缺失的情况下变得很麻烦，占用很多时间和精力。为了解决这个问题，培训师应为门店统一规范管理流程，制订相应的标准，使店铺运营正规化。

7. 门店运营标准本身存在缺陷，难以执行落实到位

很多门店在建立运营标准时只是单纯模仿其他企业，而并没有结合门店实际，致使标准无法在门店推行。这样一来，标准就成了空谈，与没有无异，甚至还起到反作用。比如，销售员每天花在填报表写总结的时间比做工作时间还要多，可他们填的表和总结却毫无实际用途。为了解决这个问题，培训师就应深入了解门店的实际情况，为门店制订切实可行的标准，规范销售员的行为。

通过对这 7 个问题的分析，我们可以看出，若想有效优化门店管理、提升运营水平，解决门店中经常出现的问题，培训师就必须从"标准、执行、督导"这 3 个关键点出发，开展带教工作。

（1）标准

一套合理有效的运营标准是门店管理的基础，更是企业扩张发展的重要武器。

（2）执行

如果将标准制订出来而不执行，那就只是纸上谈兵。因此，培训师就要做好对销售员的带教工作，有意识地培养他们坚决执行标准的工作态度和习惯。

（3）督导

督导是培训师对销售员工作情况的监督，是对标准执行效果的检验，能帮助培训师及时找出店铺中的问题，改进工作，调整标准，使店铺朝着正确的方向发展。

要想做到这 3 点，培训师就要具备丰富的管理经验、突出的销售知识技能和敏锐的眼光。培训师也要不断地充实自己，逐步提升自己的能力，将这 3 点做得越好，就越能解决店铺中的问题，进而优化店铺管理，使企业获得长足的发展。

11.2　用管理优化带教计划

培训师只有不断优化带教计划，才能提升带教效果。在优化带教计划时，培训师要以能够最大限度地提高销售员能力和店铺业绩为目标，不断提高销售员的参与积极性。

培训师在优化带教计划过程中，应遵循以下原则。

1. 以提高销售员的整体能力为第一要素

在对带教计划做优化时，培训师应时刻坚持以提高销售员整体能力为第一要素，要坚持以人为本。培训师应向销售员阐明优化带教计划的重要性，使他们认同带教计划的原则；培训师要在带教计划中做到人员匹配合理，把带教目标、内容和方法阐述明确。

2. 以培训师指导为主要方式

销售培训师是带教计划的核心人员，应主导带教优化工作的具体开展，评估优化后方案的可行性并提供指导意见。

3. 培训师的工作内容应全面

培训师作为带教计划实施与优化的第一负责人，要负责完成其管辖范围内的所有门店销售员的带教工作，并要提出所有门店的带教计划优化及管理方案。

培训师在按照"目标明确、责权对等"原则制订带教计划后，要根据销售员工作职责制订相应的辅导计划，按照"人尽其才，才尽其用"的原则，将辅导计划按照类别进行分组，并监督执行。例如，培训师可根据《个人岗位职责说明》，对销售员进行能力分析、心态分析、工作潜力分析、年度工作表现分析等，再根据分析后得到的结论，有针对性地制订该销售员的带教内容。

在优化带教计划前，培训师应做的前期准备工作有：培训师通过对销售员的摸查，充分了解销售员的工作情况、性格、特点、心态、家庭背景等，了解越多的信息，对带教计划优化越有利。培训师要充分了解销售员对带教辅导的想法，以确保带教工作的顺利开展。

11.3　带教启动会

培训师在对销售员开展带教前，可以召开一次带教启动会，来明确目标，振奋士气，使每个销售员都能以一个端正的态度、积极的精神面貌投身到学习当中，配合培训师将带教工作顺利完成。总的来说，带教启动会是一次动员大会和誓师大会，它能凸显企业领导对带教工作的重视，传达出企业对销售员的殷切期望，同时也能帮助培训师考察销售员的精神状态和团队氛围，为接下来的带教工作做好准备。

一般来说，带教启动会主要包含以下 4 个步骤，如图 11-1 所示。

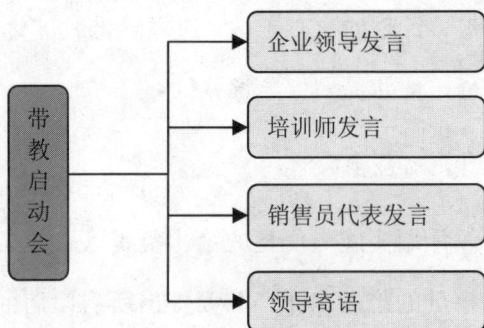

图 11-1　带教启动会的步骤

1. 企业领导发言

带教启动会开始后，企业的主要领导要向全体参加带教工作的培训师和销售员传达企业精神，讲解企业未来的发展目标，以及本次带教工作的总体目标。领导发言可以凸显企业对本次带教的重视，帮助销售员明确自己的努力方向和奋斗目标，使他们对带教工作的理念和定位有一个总体认识，同时要为培训师们颁发企业聘书，树立培训师权威，为培训师接下来的带教工作打好基础。

2. 培训师发言

培训师在发言中，要具体讲解本次带教工作的日程规划、各项课程安排、设置每项课程的目的和要达到的效果，表达自己做好带教工作地信心。培训师的发言要让销售员了解本次带教具体学习目标和课程安排，进而做好准备。

3. 销售员代表发言

销售员要在发言中，表明自己渴望通过自我提升，为企业创造业绩的态度和不断开拓进取，汲取知识，挑战自我的决心，要展现出积极乐观，团结奋进的精神面貌。

4. 领导寄语

在带教启动会的收尾阶段，企业领导要做总结发言，要代表企业表达对此次带教工作的期望，要颁布奖惩措施，为培训师和销售员勾画出美好的蓝图，调动他们的积极性，鼓舞他们的干劲，使他们能以一个更加积极的心态参加培训。

带教启动会是企业对整个带教工作的展望，为带教工作的展开铺路搭桥，引领全局，使培训师和销售员端正态度，对带教效果的提升起着不可忽视的促进作用。

11.4　销售关键技术点带教指引

有个学员曾问我："龙老师，我老是搞不清楚销售的关键在哪儿，你说该怎么办？"这位学员将问题问到了点上。实际上销售活动也是有关键技术点的。

大多数人其实都有做销售员的天分，但为什么不是每个人都能成为优秀的销售员呢？原因就在于他没有接受过专业的训练，没有掌握销售的关键技术点。在从事具体的销售工作时，他的销售天分就得不到发挥，他就会因为没有销售技巧而感到无所适从。那么，培训师到底要怎样做，才能挖掘出销售员的销售才能？培训师要掌握以下 3 个关键点，如图 11-2 所示。

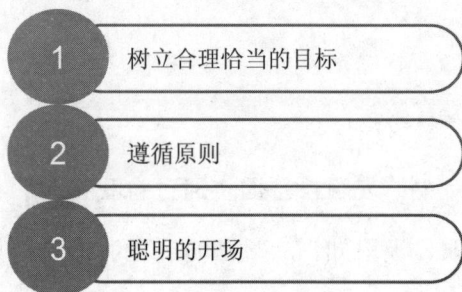

图 11-2　销售关键技术点

1. 树立合理恰当的目标

树立一个合理恰当的目标，是销售员在推销商品之前必须要做的心理准备之一。没有目标，销售员就失去了努力的方向。

一个好的目标应该是有层次的，销售员应该将自己的销售目标分为长期、中期、短期三个层次。具体来说，销售员的短期目标应是其未来一个月内的销售目标，中期目标可以是其未来一个季度或半年的销售目标，长期目标是其未来一年或数年的发展目标。

一个好的目标还应该是多方面的，销售额只是目标一个方面。销售目标的其他方面还包括：使潜在顾客成为现实顾客、挖掘更多的顾客、在销售过程中树立店铺形象等。

一名优秀的销售员，会为自己制订出详细的目标，会根据目标，制订出一个实现目标的计划，并在此基础上，计算好时间，保证自己能以充裕的时间完成计划。

此外，在制订目标时，销售员要注意不能将目标设置得过高，要保证切实可行。无法实现的目标反而会打击自己的工作积极性，长此以往，自己的工作热情和干劲都会被消磨殆尽的。

2. 遵循原则

目标确立了销售员努力的方向。在具体的销售工作中，销售员在面对顾客时还应该遵循以下原则。

（1）诱导

其实，门店销售员的主要工作就是：使那些根本不了解或根本不想买这种商品的顾客产生对该商品的购买欲望；使那些对这种商品有兴趣和欲望的顾客采取购买行动；使那些已经使用了该商品的顾客再次购买。为了将这些工作做好，销售员就要遵循诱导原则，要让顾客一步步跟上销售员的思路。

（2）顾客就是上帝

销售员要坚持顾客就是上帝的原则，要以顾客利益为出发点，来考虑问题。在竞争激烈的市场当中，顾客是各品牌企业销售员争夺的对象，而只有让顾客感到商家的体贴周到，感受到自己的利益在整个购买过程中得到了满足和保护，销售员才能促进交易达成，才会受到顾客的青睐。

（3）形象

销售员在销售商品的同时，也是在做自我销售。不论所销售的商品多么诱人，当面对的销售员是一位蓬头垢面的人时，顾客也会说"不好意思，我再考虑考虑"。作为一名销售员，你不一定要美丽迷人或英俊潇洒，但你一定要保证自己的形象让顾客感觉舒服。为此，销售员必须保证穿着干净得体，摒弃任何破坏形象的问题，一定要以充沛的体力、最佳的精神面貌出现在顾客面前。

3. 聪明的开场

在进行营销时，销售员会经常遭到顾客的冷遇，这时销售员要做的就是打破冷淡气氛，顺利开展销售工作。一般来说，开场往往决定顾客对你的第一印象。顾客往往会凭销售员最初的一句话，便决定自己是"拒绝"还是"听听看"。若能在这一方面做得好，销售员就可以成功引起顾客的兴趣，使对话顺利地进入到商谈阶段；若做不好，也可能打消顾客的兴趣，在开口的瞬间便遭到回绝。

一般来说，比较明智的开场白会在开言时不露出任何"请你买"的意思，而要给对方以"这么好的东西，若不给我们介绍的话，将是一件很遗憾的事"的感觉。让顾客保持一种轻松的心态，效果自然较好。

11.5 陈列商品关键技术点带教指引

在培训中，我曾发现很多企业销售员的销售技巧很强，但是业绩却始终上不去。在经过到店内的实地考察之后，我找到了问题所在：店铺陈列没做到位。顾客在进店前首先看到的就是店铺的整体形象，因此店铺陈列就成为一个很关键的环节。如果培训师无法指导销售员将店铺陈列做好，那么，门店业绩也就无法提升。

根据我的经验，培训师在店铺陈列上，要把握以下 5 个关键点，如图 11-3 所示。

1. 整体布局规划

为了能够给顾客一个良好的整体视觉感受，培训师在对店铺所有元素进行布置时，都必须考虑到它们对店铺整体布局的影响。在陈列产品时，培训师一定要把握全局，要事先规划好店铺整体的布局，然后再考虑每一个元素在店铺中的摆放方法。要保证整体的商品展示能流畅地从一个区域过渡到另外一个区域，保证整体风格的统一。

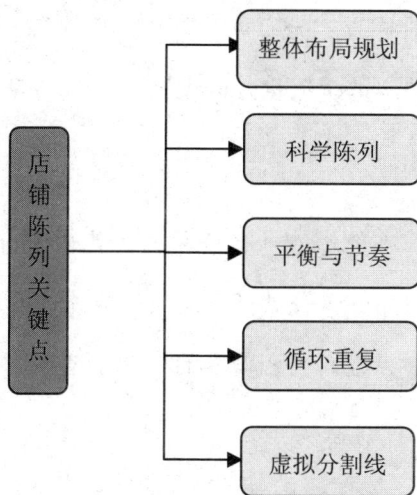

图 11-3　店铺陈列关键点

2. 科学陈列

大多数店铺经营的商品种类比较多，从几十种到上百种不等。为扩大服务面，提高成交率，培训师就要将店铺内的商品按照某种理性逻辑，进行科学分类。比如对于服装店来说，培训师可以按照适用者性别来分类，一边陈列女装，一边陈列男装；也可以按照年龄来分类，在门口处陈列童装，在店中间陈列时尚青年女装等。科学陈列能够节约顾客选择商品的时间，给顾客带来了方便，也给店铺管理带来了方便。

3. 平衡与节奏

在商品陈列空间内保持商品的陈列平衡是很重要的。对于体积比较小的产品如鞋子，培训师可以将其与体积较大的产品如悬挂的服装来搭配陈列，从而营造出空间的平衡感。在营造平衡感时，培训师可以利用"绝对平衡"和"相对平衡"两种方式。采用绝对平衡时，培训师可以从展示的中心点开始，向两边均匀分布商品；采用相对平衡时，培训师可以在展示的中心点两边，以非对称方式分布商品。培训师在陈列时，交替使用这两种展示方式，能够帮助店铺营造良好的氛围。

4. 循环重复

由于光线和周围款式的影响，有些商品样式很少得到顾客的关注。如果能够时常更换这些商品的位置，将它们与其他款式的商品重新排列组合，就可产生一种新的效果，进而引起顾客的注意，增加商品售出的概率。

5. 虚拟分隔线

根据商品的不同形态，培训师可以为店铺空间画出虚拟的分割线，给店铺带来井井有条的陈列感受。常用的虚拟分割线有水平线和垂直线。清楚且维持得比较好的水平线和垂直线能够在某个区域内创造一致性和聚焦效果，并且在视觉上能够使商品从一个区域流畅地过渡到另一个区域。一般来说，可以用水平线连接不同的板墙，使商品的故事能够更顺畅地展开；

可以用垂直线创造出陈列的效果，建立富有逻辑的框架，使顾客清楚地了解商品的分布情况。

11.6　营运关键技术点带教指引

为什么店铺业绩一直上不去，销售员能力不强是一方面，店铺营运有问题也是重要的一方面。销售培训师在带教好销售员的同时，也要做好店铺的营运管理。在店铺运营方面，销售培训师要掌握的带教关键点有以下 3 个方面，如图 11-4 所示。

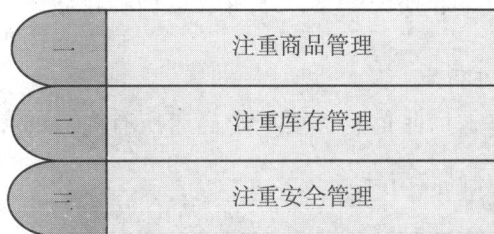

图 11-4　运营关键技术点

1. 注重商品管理

我在以往的培训工作中发现，很多业绩不突出的门店都在商品的管理上存在缺陷。比如一些门店货架上的商品被摆放得十分零乱，而且全部没有价签，顾客完全没有办法自助挑选。当顾客看上了一件衣服，想要试穿，让销售员拿适合自己的尺码的时候，销售员自己都找不到衣服所在的位置等。如此混乱的商品管理会严重降低店铺管理效率，降低顾客的购买欲。

门店的商品营运管理是一项比较烦琐的工作。一方面，由于商品种类款式多，范围广，销售员在管理时，很容易出错；另一方面，商品的不同特性也使得分类管理变得比较复杂。因为商品管理是店铺正常运营的基础，所以培训师要在商品管理上多多留意。

2. 注重库存管理

库存管理也是门店运营的一项重要内容。培训师要保证商品库存量既不能过多，也不能过少。如果商品库存过多，会导致商品占用过多的空间，出现积压，影响资金流动；如果商品库存过少，会造成供应断档或不及时，降低销售量和店铺的业绩。培训师做好库存管理的基本目标就是，要使库存量达到一个最佳的平衡点，在满足门店日常销售需要的同时，减少营运成本。

搞好库存管理，不仅有利于商品和资金的正常周转，而且还能为门店减少一定的经营成本和损失。具体来讲，培训师在做库存管理时，应做到以下 3 点：

一是要准确掌握商品信息。要了解门店所有商品的存货现状，并根据销量合理预测和控制库存量。

二是切实做好库存商品的分类管理。要按照"畅销商品分散保管、滞销商品集中保管"的原则，突出重点，兼顾一般，尽量减少管理成本和库存量，消除库存积压和断货现象。

三是经常进行盘点。通过盘点，一方面可以及时掌握真实的库存信息情况，计算出门店的各项经营指标，以便为经营决策和销售业绩考核提供依据；另一方面可以防止商品损坏，减少不必要的损失。

3. 注重安全管理

培训师对门店的安全管理也绝对不能放松。做好安全管理，可从商品安全、人员安全、财物安全 3 个方面入手。加强门店安全管理的目的是为了确保顾客购物安全，为顾客提供安全的商品，也为销售员提供安全的工作环境，减少门店的财物损失。

在门店安全管理方面应注意事前防范，除了要完善必要的安全设施和预防措施外，还要落实安全责任，使销售员自觉做好门店的各项安全工作，要在门店设立专门的安全负责小组，明确分工，落实责任。在安全方面也应完善制度，加大奖惩，督促销售员依章、依法、依规操作，对于违反安全管理规定的销售员，要坚决从重处理，绝不姑息迁就。

11.7　带教考核

为加强企业管理，建立健全带教机制，使带教工作制度化、规范化、经常化、创新化，强化带教考核力度是十分有必要的。在销售员带教辅导告一段落后，培训师就要对其进行带教考核，了解销售员对所学知识技能的掌握程度。

通常来说，企业的人力资源部门是带教工作的综合管理部门，全面负责对各门店的带教考核工作。各门店所上报的带教计划，也由人力资源部审定后监督实施。带教考核的内容一般有以下 2 项。

（1）对门店销售技巧、企业政策和规章制度及有关销售规定的掌握程度。销售员应懂得销售工作和门店日常管理的重要性，基本掌握门店销售流程，熟悉门店的各项规定，了解自己的工作职责。

（2）对具体工作规程的掌握程度。销售员应掌握门店和销售工作流程知识，了解所售商品的性能、原理、维护保养及具体操作方法，熟悉安全、防尘等相关商品维护知识，做到"四懂"，即"懂知识、懂原理、懂性能、懂用途"，"三会"，即"会使用、会维护保养、会销售"。

带教考核一般在带教结束后进行。各门店培训师要在带教结束后，与企业总部人力部门联合出题，对销售员进行考试。在考试结束后，培训师要负责考核管理和评阅工作，并根据销售员的考核成绩，结合各方面因素，评定出优(95 分以上)、良(80~95 分)、中(60~80 分)、差(60 分以下)4 个等级，按门店销售员人数算出优秀率和及格率。最后，培训师要将考试结果及时公布，并整理上报企业总部和门店负责人。

在考核结果发布后，各门店就可以以此为依据，在销售员中按 10%的比例，评选"岗位销售能手""最佳销售标兵""最佳创新成果"等荣誉称号，评选可由个人申请或由门店申报，再经门店负责人审核，上报企业总部审批。在评选时，应采用"逐级递减法"确定人员，对于获得相应荣誉的销售员，要颁发荣誉证书和发放物质奖励。

11.8 单店业绩提升计划与实施

门店业绩的提升与门店计划的顺利实施是分不开的。根据多年的培训经验，我总结了一些行之有效的能够帮助店铺提升业绩的关键点，如图 11-5 所示。

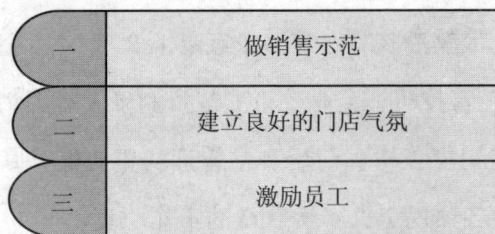

图 11-5 单店业绩提升关键点

1. 做销售示范

正如想要改变一个人的坏习惯，你就要用一个好的习惯去引导他一样。培训师要想从根本上提升单店的业绩，就必须要用新的销售观念和销售方式激发销售员的主动性。

那么，培训师要如何证明新的销售观念和销售方式是有用的？最主要的方法就是做销售示范。培训师应用身体力行和实际销售效果来证明自己的理念是对的，而不是只靠口头空谈来向销售员灌输理念。培训师只有通过示范使销售员全面认同自己，而后再对他们进行系统的培训，才会使培训达到最佳效果。

2. 建立良好的门店气氛

一个门店的气氛也影响着销售员的心态。如果没有良好的、轻松愉悦的门店氛围，再专业的销售员也可能无法完全发挥出自己的能力。

要想营造良好的门店氛围，首先就要与销售员建立一个良好的沟通与互动关系，要主动去了解销售员，要通过沟通和他们建立感情，和他们相互关心，相互尊重，让销售员对门店产生强烈的归属感，进而帮助自己更好地调动他们的工作积极性。

培训师要让所有销售员都清楚地认识到，自己所处的门店既是一个有着远大抱负的企业，也是一个到处都洋溢着活力的大家庭。

3. 激励销售员

为了进一步调动销售员的积极性，提升门店的竞争力，培训师还要努力去激励销售员。为此，应完善门店激励机制，通过各种方法对销售员进行激励，为他们描绘出未来发展的蓝图，让他们在工作中更有动力和干劲。

销售培训师要想提高门店的业绩，要按照上文提到的 3 种方法，从不同的角度，从内到外完善店内销售员的销售技巧，端正他们的工作态度。

11.9　成效总结

在带教工作结束后，培训师除了要对销售员进行考核外，还应对带教的成效进行总结，从中吸取经验教训，为下一次的带教工作提供指导。因此，成效总结也是带教工作必不可少的环节，需要培训师高度重视。

那么，培训师要如何做好成效总结呢？一般来说，培训师在做带教成效总结时，可以从销售员对知识的掌握情况、销售员的工作能力提升情况、店铺业绩提升情况 3 个方面入手，如图 11-6 所示。

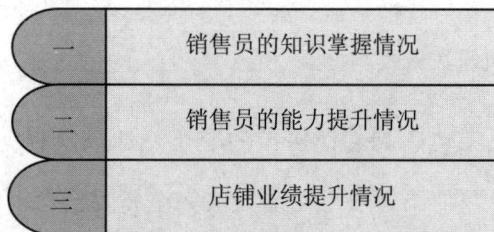

一	销售员的知识掌握情况
二	销售员的能力提升情况
三	店铺业绩提升情况

图 11-6　成效总结内容

1. 销售员的知识掌握情况

通过查看分析考核结果，培训师能够了解销售员的知识掌握情况，总结出哪些方法是值得继续使用的，哪些方法是需要改进的。培训师根据考核结果进行成效总结，有利于其不断完善更新培训方法，改进工作。

2. 销售员的能力提升情况

培训师开展带教工作的最主要目的，就是提升销售员的工作能力，所以，销售员能力提升情况是培训师考核的重要方面，也是培训师在进行成效总结时必须要做的一个方面。做好销售员能力提升的成效总结，是完善带教工作的重点。

3. 店铺业绩提升情况

提升销售员能力的最终目的是提升门店的业绩，门店的业绩好了，企业才会发展得更好。因此，培训师也要对门店的业绩提升情况做成效总结。

本章，我主要讲了培训师为了优化门店管理，提升门店业绩，所必须要掌握的关键技术点。了解这些技术点，将帮助培训师有效地、灵活地应对门店管理中的难题，进而达到改善门店管理运营、提升培训效果的目的。

第12章 神秘顾客管理

"神秘顾客"是由企业培训师挑选出来的、对门店销售情况进行秘密监督的调查员。一个好的"神秘顾客"对于企业加强销售人员培训、提高门店管理、提升销售业绩有着立竿见影的作用。一般来说，企业只需开展一到两个月的"神秘顾客"调查，就会使各门店管理有较大改观。

因为所有的调查员都是以"顾客"的身份进行调查的，所以销售员的全部表现都是其在面对真实顾客时的真实反映。而销售员所反映出的情况能够折射出该门店日常的经营状况，有利于培训师检测培训后的真实效果，因此利用好神秘顾客管理可以使培训师的带教工作发挥更大作用。

12.1 神秘顾客访查

神秘顾客访查就是调查员以顾客的身份来门店"购物"，在销售员不知情的情况下与其洽谈，通过对销售员观察，了解其所掌握销售技巧、对培训知识的掌握程度，或者目前门店的整体运营状况等。它能客观地检测培训的成效，为培训师调整培训工作提供参考。

那么，企业该如何进行神秘顾客访查？最重要的一点就是培训师要选对人。

培训师在选择调查员时，要做到两点，一是要选择所有门店人员都不认识的外部人员；二是要选择经验丰富的专业销售培训人员。

首先，培训师要选择"陌生人"做调查员。

举个例子，我曾经在一家企业参与过"神秘顾客访查"项目。最开始，这家企业以其他部门的员工作为调查员，对企业各门店展开调查。可是在项目开展不久后，企业培训师发现调查员反馈回来的结果无一例外全部是完美的，没有丝毫问题。这显然是不可能的，因为即便培训师的带教工作做得再好，也不可能使每个销售员都能做到完全掌握，门店中必然存在一些或大或小的问题。

后来，培训师通过一些渠道进行了调查，终于得知了真相。由于该调查员是企业内部人员，一些门店的销售员见过他，在他作为"神秘顾客"前来调查的时候认出了他。这样一来，因为都是同事，他也不好意思给对方较低的评分，而且，他的身份一暴露，消息一传十，十传百迅速扩散，其他门店的销售员也都做好了准备，在他到店调查的时候，都表现得非常出色，因此，他也就给大家都打了高分。

虽然此次调查的成绩是非常好的，但这个成绩里包含了太多的"水分"，基本上可以说是毫无用处的，正因为企业选错了人，使得这次"神秘顾客访查"项目形同虚设，没有发挥出它应有的作用。后来，该企业果断改变策略，聘用了一些外部兼职人员，并对他们进行了相应的培训，让他们去了解门店的销售情况，最终得到了门店的真实销售情况。

由此，我们可以看出，企业在开展"神秘顾客访查"时，一定要选择陌生人进行访查。

其次，培训师要选择经验丰富的销售人员做调查员。

显然，一个本身销售经验缺乏和销售技巧匮乏的人如何能看出他人销售技巧的优劣？只有经验丰富的人才有敏锐的眼光，才能在较短的时间内发现问题所在，进而得出结论，根据销售员的表现给出准确的分数。

综上所述，培训师要想使"神秘顾客访查"这项工作更加有成效，首先要选对人，这是做好这项工作的前提和基础。

12.2　神秘顾客访查流程

顾名思义，"神秘顾客访查"是以顾客的身份，对门店进行明察暗访，了解店铺销售员的服务水平及技巧表现。因为销售员不知道访查者身份，因此我们称呼这些明察暗访的人叫作"神秘顾客"。

培训师通过"神秘顾客"的调研、评估表测评、评估项目改进等方法，可以使门店和销售员不断改进工作质量，帮助企业进一步提升品牌形象、店铺形象和顾客购物感受。当然，"神秘顾客访查"的终极目标是企业通过服务水平的提升，推动业绩、客单价、连带率、平均单价的提升。因此，"神秘顾客访查"也对服务标准的改善以及管理 KPI 的制订有着重要的推动作用。通过访查，服务改善了，KPI 提高了，销售员的工资待遇也会涨起来，销售员也会有更高的干劲开展工作。

因此，企业应该将此项工作作为一个长期的项目去管理，不应该仅限于偶尔的"检查"。

如果项目的主导部门是营运部或培训部等有机会接触前线的部门，那么，"神秘顾客访查"就可以以"项目"的方式执行。这样做更加利于门店各项服务项目的测评与改善。营运部或培训部都可以作为项目牵头部门。

营运部门在牵头主持项目时，其主要出发点多倾向业务层面，它以通过提升服务质量来提升业绩为主要目标；培训部门在牵头主持项目时，其主要出发点则多倾向于销售人才培养层面，它通过"神秘顾客访查"检视人才培养的效果。

"神秘顾客访查"是企业提升服务质量的一个管理手段，它的执行重点并不仅仅在"访查""测评"这个部分，对全项目管理体系也是至关重要的。项目管理体系包括的工作有：访查时间、路线、问卷设计、资料收集分析等流程安排，还有访查后续的改善工作。

一般情况下，"神秘顾客访查"流程如图 12-1 所示。

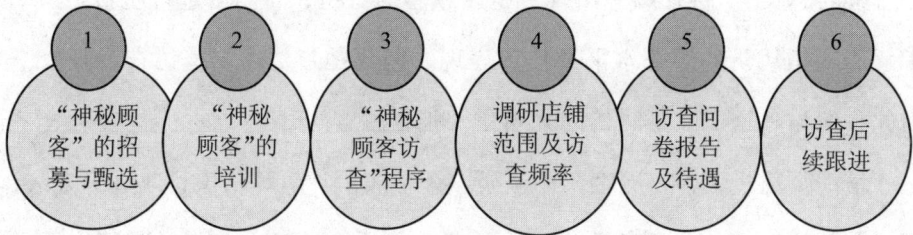

1	2	3	4	5	6
"神秘顾客"的招募与甄选	"神秘顾客"的培训	"神秘顾客访查"程序	调研店铺范围及访查频率	访查问卷报告及待遇	访查后续跟进

图 12-1 "神秘顾客访查"流程

1. 神秘顾客的招募与甄选

"神秘顾客"的来源通常有几个方面，一是来自企业内部员工，例如 VIP 会员管理人员、企业其他部门的管理人员或内部员工等；二是 VIP 顾问、常规顾客、企业员工的亲朋好友等，他们都可以成为"神秘顾客"。但是为了保证调研效果，"神秘顾客"必须是店铺员工不熟悉的，企业要保证平均每季度更换一次。

"神秘顾客"在暗访中，绝对不能暴露身份。一旦调查员暴露身份，便会引起被调查者的警觉，这样不但会导致调查结果失去客观性，而且还会引起一些不必要的争端。因此，"神秘顾客"必须保持他的神秘面纱。

企业可以根据所经营品牌的定位和特点，来招募与之匹配的"神秘顾客"。例如男装品牌企业应招募较多的男性"神秘顾客"。而对于淑女装品牌，企业就应该招募年轻女性来充当"神秘顾客"。同时，企业对"神秘顾客"也要有一定的学历要求，这样才能保障招募者具有充分的理解能力、服务感受力和文字表述能力等必备能力，减少沟通问题。

企业要对"神秘顾客"进行严格的筛选，要根据所有应测评门店的分布情况，在企业招募标准下录用合适的"神秘顾客"，同时，还要给"神秘顾客"做专业的访查技能训练。

我曾经在一家知名服饰企业做培训时，发现他们请的"神秘顾客"不够匹配。而不匹配的结果也导致了"神秘顾客"访查的效果也不尽如人意。

这家企业商品的价格大多在 2 500 元左右，其目标顾客群体多为企业高管。由于对于"神秘顾客访查"项目的了解不够透彻，企业在选择"神秘顾客"时选择了那些消费能力和企业目标顾客相差较大的人群。由于"神秘顾客"和实际顾客在消费观念上存在较大差异，因而也无法很好地观察店铺的实际情况。换句话说，这次"神秘顾客访查"就是失败的。

一次成功的"神秘顾客"筛选应该是这样的，比如：对于年轻的休闲装品牌，其招募的"神秘顾客"应符合这样的条件：在性别上，要保证男女比例相当，女性稍微多些；要保证学生比例占 50% 左右，工作 1~3 年从业人员占 30%，工作 3~5 年从业人员占 20%；"神秘顾客"的年龄段应该在 18~28 岁。

2. 神秘顾客的培训

"神秘顾客"需要一定的专业知识，才能在门店开展访查工作，并识别门店的服务水平。因此，标准化培训也是每一位通过筛选的"神秘顾客"

都要接受的培训。通过专业的培训，"神秘顾客"既能掌握评审的标准，又能形同普通顾客，面对店铺现场情况也能应付自如，不暴露身份。

为此，企业培训讲师、相关部门内训师等具有授课资格及技能的人员，可在固定培训月份和时间内，为"神秘顾客"进行相应的服务内容培训。其培训内容应包括：心理学常识、商业调研技巧、企业文化内容；《服务标准》《产品知识》、店员仪容仪表、店铺维护和卫生要求等问卷内容；情景模拟：模拟购物情景，对问卷进行评分；实地模拟演练："神秘顾客"与企业培训讲师共同在指定店铺进行实际测评，了解访查标准的掌握程度，实地演练操作方式，以达成评核标准的统一性。

为了保证项目质量，减少"脸熟"和保持"神秘"，企业对于"神秘顾客"也应进行定期考核和动态更新。企业对"神秘顾客"的淘汰有两种情况，一种情况是其本职工作考核不及格而被淘汰，例如其项目打分不认真，出现了严重失误，心理素质差，言谈失当有暴露身份嫌疑，不服从督导管理，没有团队意识等。第二种情况是自然淘汰，例如其在工作了一段时间后，有"脸熟"的可能性或其他个人原因离开项目。

企业应将每年"神秘顾客"的数量更新率保持在30%~40%，在一个季度中，对同一店铺，一个"神秘顾客"不应连续访问，间隔访问次数不应超过三次；对于同一店铺，"神秘顾客"应隔季开展工作。

3."神秘顾客访查"程序

每一位"神秘顾客"将按照一定程序展开"神秘顾客"访查工作，其工作程序包括以下几个方面：

（1）"神秘顾客"以普通顾客身份进入指定检测的门店，对店铺的服务、环境、设施等方面的各项检测指标进行测评打分。

（2）"神秘顾客"在打分完成后，以普通顾客的感知，对被检测的门店提出相关的意见和建议。

（3）"神秘顾客"提供被检测门店的全景照片、不良现象照片或录像（特殊情况除外）。

（4）"神秘顾客"严格按照既定时间走访计划访查店铺，以便企业督导能随时跟访，并改善店铺问题点。

4. 调研店铺范围及访查频率

调研店铺范围：企业的旗舰店、大店、标准店，一般情况下不含特卖场和临时性卖场。

访查频率："神秘顾客访查"项目访查期为每个季度不少于一次。在每年 4 月、7 月、8 月、11 月这些销售淡季，企业分别抽取一定比例店铺进行暗访，从而从横向考量自身在行业中所处的服务水平。

5. 访查问卷报告及待遇

"神秘顾客"的评核意见对改善终端服务有很重要的意义。企业管理部门应根据《终端门店服务规范》《终端门店服务标准》、店员仪容仪表、店铺维护和卫生要求制订问卷，主要访查店铺员工执行的情况。

每逢访查月，企业该项目管理负责人要发放问卷给"神秘顾客"，并于当月 20 日前回收、统计，在 25 日前向企业总经理办公室提交《神秘顾客访查数据汇总》。访查问卷原稿由项目管理部门归档备查。在访查当月 30 日前，项目管理部门在经由最高负责人总监确认后，会面向店铺公布访查排名结果及激励名单。在每年 3 月、9 月 30 日前，项目管理部门提交半《年度/年度神秘顾客访查数据分析报告》。

通常来讲，企业从外部聘请的"神秘顾客"没有底薪但有一定的酬劳，例如企业会给"神秘顾客"以每份访查问卷 50~100 元标准（购衣券或小礼品不等）的访查酬劳。对于企业内部员工担任的"神秘顾客"，其酬劳则应视企业管理规定而定。如企业用新员工担任"神秘顾客"，企业在酬劳方面可按照正常出勤处理，并为其报销交通费用。对于"神秘顾客"在企业安排下的购物体验费用，"神秘顾客"可凭实物及购物小票报销，其各项费用开销由项目管理部门统一审批报销。

6. 访查后续跟进

在"神秘顾客访查"数据结果公布后，达标线以下的各店铺要在公布数据后的 3 日内制订工作改善计划（以 1 个月为期限，设置提升目标和达成策略），并提交项目管理部门。

未达标的店铺店长、主管必须每周现场模拟"神秘顾客"考核流程，教授销售员失分点项目的标准和技巧；销售员必须熟记"神秘顾客访查"考核流程；区域经理巡店抽查，并总结销售员成功关键点、核心提升点和对应策略。另外，项目管理部门要根据企业阶段性需求，每半年进行一次分析项目检讨，并调整、完善内容和流程。

在"神秘顾客访查"结果发布后，企业也要制订相应的激励措施。下面是我在为深圳的一家服饰企业做咨询时，结合所在门店的情况，所给出的建议，仅大家供参考。

奖励：

（1）店员：排名前五位（应超过合格分数 80 分线）；

（2）店铺：排名前五位、分数在 90 分以上，奖励 300 元；

（3）区域主管/经理：区域平均分数在 90 分以上，奖励 200 元（以五个区域为限）。

惩罚：

（1）排名后五位，"神秘顾客"分数 60~79 分，店长和接待人各处罚 150 元（店长接待处罚 250 元）；"神秘顾客"分数 59 分以下，店长和接待人各处罚 200 元（店长接待处罚 300 元）；

（2）"神秘顾客"区域均分 80 分（不含 80 分）以下，区域经理处罚现金 100 元；

（3）每年累计 3 次不达标店铺的店长，经事业部总监确认，给予降级处分。

在"神秘顾客访查"项目上，费用预算也是一个比较重要的问题，对此，我的观点是不要在不该省钱的地方省钱。我一直在向服务的企业传递"价值最好与价格相等"的思想，不要为了省钱而去选择接受低质的服务。世界上从来没有物美价廉的商品，只有"门当户对"的合作。对于下面 3 项费用，我不建议企业节省：

1. "神秘顾客访查"酬劳费用；

2. 项目执行奖励（奖金或奖品）费用；

3. 其他（包括复印问卷、快递等）费用。

然而，在最初推行"神秘顾客访查"项目尤其是奖惩项目后，该项目引起了很大的争议。我建议负责人先试行 3 个月，看结果如何。3 个月之后我去做回访，该企业负责人讲述了这段时间内该门店的变化：

这个门店原有销售员 17 人，在改革规定颁布实施后，1 周内主动离职 3 人。在第 1 个月，店长和 2 名店员受罚，但是他们能理解。在第 2 个月和第 3 个月，店长和另三位同事拿到了奖金，该门店的单月销售额提高了 35%。

从这个实例中，我们可以看到，改革不易，我们总会遇到很多反对，但是只要我们坚持下来，就会获得实实在在的业绩增长。

12.3　神秘顾客管理与考核制度

在"神秘顾客访查"项目的执行中，当已经确定了本次项目组织形式和访问对象后，对于培训师来说，一项很重要的工作就是对"神秘顾客"的培训和现场执行的考核。有关神秘顾客管理与考核制度的标准如下。

1. 神秘顾客素质要求

（1）诚实

"神秘顾客"必须具有诚实的品格，这是对"神秘顾客"最重要的品格要求，"神秘顾客"应保证通过自己的检测记录所提供的数据真实，准确和完整，因此，"神秘顾客"应诚实，值得信赖。

（2）有责任心

当"神秘顾客"准备要做一个项目的时候，一定要事先考虑项目的难度及时间，看自己是否能全部做完，一旦接了一个项目一定要做到底。

（3）能吃苦

访问工作是一项很辛苦的工作，需要在外面跑，需要长时间步行和站立，所以一定要能够吃苦才可以。

（4）严守时间

一个"神秘顾客"检测项目涉及各个环节，时间要求相当严格，因此"神秘顾客"必须养成严守时间的习惯。

（5）保密

由于市场调查的特殊性，"神秘顾客"会接触到很多机密性的资料，"神秘顾客"必须保证所有的资料不会丢失或通过自己的谈话等方式泄露。

2. 项目执行管理条例

（1）在"神秘顾客"项目执行中，需要加强项目负责人和"神秘顾客"的及时沟通。遇到问题后，"神秘顾客"应在第一时间反映情况，在项目负责人下达新的工作安排指令后认真负责地完成。

（2）"神秘顾客"在进行检测的时候，应该随时对自己刚刚完成的工作进行及时反思，一旦发现遗漏或者处理不恰当的地方应该迅速补救。

（3）"神秘顾客"在项目执行中严格遵守纪律，不能顺带从事其他业务，更不得做其他无关的事情，时刻注意安全问题。

（4）"神秘顾客"要及时认真地做好检测记录，减少差错，并在必要的时候进行复核。

（5）在时间跨度较长的项目中，应该举行定期的进行会议讨论。"神秘顾客"和项目所有参与人员共同检讨项目得失，进行必要的修正和完善。

3. 项目执行资讯管理条例

（1）整理清点全部检测记录，包括访问问卷和相关的记录表格，进行统一编号。

（2）把项目中的资料（如照片、卡片、录像、录音等）收好，按项目设计要求进行规范处理。

（3）对"神秘顾客"完成的样本情况要进行统计，按项目实施总结的要求填好各项数据，将最后结果准确地汇报给项目负责人。

（4）为了保证问卷资料等的保密性及安全性，一定要将问卷包装好（套塑料袋等）。

（5）安排下一步工作。

4. 神秘顾客的考核制度

每次项目结束后，项目负责人针对每一个"神秘顾客"在整个项目中的综合表现，做一个总体评价。评核标准如下。

（1）是否遵守培训时间，在参加项目培训时认真学习，参与讨论。

（2）是否按培训要求完成项目，不偷工减料，不弄虚作假，保质保量。

（3）是否服从项目安排，遇到项目临时变更或者修改时服从指挥迅速调整。

（4）问卷卷面是否填写工整，不写错字、别字，不写不规范的简化字，保持问卷整洁。

（5）是否保持正确访问地点，不张冠李戴。

（6）是否在规定的时间进行检测，不迟到不早退，不出现不能按时到达检测地点的情况。

（7）考核项目是否完整正确，不遗漏问题，检测指标都完整记录。

（8）提问是否恰当，少问与项目无关的问题，能够随机应变，语气风度适合自己的身份。

（9）是否按时完成项目，不拖沓。

（10）是否暴露身份。

12.4 《神秘顾客协议书》

《神秘顾客协议书》是每个神秘顾客在访查之前都会签的协议，目的是让神秘顾客遵守一些规定。下面是一个《神秘顾客协议书》的模板，供大家参考。

本人：_____(身份证号码：_____)

于_____年____月____日至_____年____月____日期间，自愿接受××企业委托的"神秘顾客"访查项目任务外包，前往指定店铺探访，承诺每季度按照公司发出的路线，在规定时间内完成巡查并完成"神秘顾客"问卷交回公司。

本人已得知并确认：每份店铺问卷为价值人民币伍拾元的购衣券或等值礼品一份。本人保证将真实、完整填写并准时提交每份问卷，否则该问卷做无效处理，不获取相应报酬。

有关"神秘顾客"计划的内容及所有资料版权为××企业所拥有。由××企业委派的"神秘顾客"不能向外或向所调查之店铺泄露计划之内容及其"神秘顾客"身份。一经证实售卖、盗用或泄露"神秘顾客"访查项目之任何内容及资料，××企业保留一切法律追究权利。

本人同意接受此任务外包，并不意味着受雇于××企业，××企业不必承担任何雇主责任。

　　　　　　　　　　_____（签名）
　　　　　　　　　　　　_____（日期）

"神秘顾客"资料

姓名：_____

性别：_____　年龄：_____

学历：_____　籍贯：_____

身份证号码：_____　职业：_____

联系方式：_____紧急联系人：_____

居住地址（区＋路段）：_____

上班地址（区＋路段）：_____

选择交回问卷方式：

A. 亲自将问卷原件交回公司　　B. 传真

C. 扫描并 Email　　D. 快递　　E. 其他（请注明）_____

12.5 《神秘顾客访查问卷》

"神秘顾客"在对门店进行访查时会对门店的一些方面进行考察，比如，店员形象专业、店铺整洁、产品知识等方面进行问卷调查，下面是神秘顾客访查问卷的模板，供大家参考。

区域：　　店铺：　　生意：□繁忙 /□不繁忙　　日期：　　到店时间(入)：＿＿＿＿＿(出)

评比等级：

标准（20分）：完全符合服务标准，给客人印象良好。

跟进（10分）：符合服务标准，但个别细节稍欠完善，需跟进改善。

整改（5分）：能提供基本服务，但行为不符合标准，需要进行培训整顿。

恶劣（-5分）：服务行为不符合标准，而且服务态度恶劣，做服务产生不良心理影响。

项目	内容	权重	标准 20分	跟进 10分	整改 5分	恶劣 -5分	本项得分
1.店员形象专业	1.全店员工仪容发饰及配饰等形象整齐清洁；(女同事化淡妆　男同事干净清爽)	10%					
	2.全店员工制服及鞋等清洁整齐；(制服不会皱、　清白)						
	3.全店员工的站姿标准、态度有礼；(不得抱胸、交叉手、摘裤及进食等)						
	4.全店员工面带微笑、精神饱满；(不倜面无表情，打瞌睡等)						
2.店铺整洁	5.全店整齐清洁，没有杂物(货场、试衣间、收银台等位置没有垃圾/箱头、有关合门)	5%					
	6.全店陈列用品及家俬清洁及保养妥当(没有污渍、破烂、尘埃)						
	7.店铺商品款式齐全，清洁整齐						
	8.仓库管理整齐，干净，易于出货						
	9.收银台整齐，干净，所有设备正常运作						
	10.全店环境舒适(灯光、音响、冷气、嗅觉等)						
3.店员协助	11.亲切有礼地打招呼(有友善的眼神交流及表情、有用不同语句或点头)	10%					
	12.留意店周客人，如发现客人有需要，店员能尽快上前协助或以其他恰当的方法协助(如未能及时协助、亦能有礼及扣巧邀请等候或转介绍其他同事)						
	13.店员能乐意聆听客人说话						
4.产品知识	14.店员能主动提供产品的特性(尺码、颜色、剪裁、款式及用料等)	20%					
	15.店员能主动按有关特性，以"FAB"销售方法来提升客人对产品的兴趣						
	16.店员能尽快及有效回答客人的问题或查询						
5.店员态度及客人试衣	17.店员能保持态度有礼、亲切地与客人说话；没有表现出不悦或不耐烦	20%					
	18.能够积极主动建议客人试衣(例如：准备两个尺码或相同款式/穿着效果，拉开拉链，解开钮扣/把货品挂在试衣间，并请客人入内试衣)						
	19.如客人不试衣，能转业地在货场上为其量身，主动描述产品试穿后特色						
	20.关心客人穿着感受，正面评价试穿效果，主动整理领口、裤脚及鞋类位置等，客人试衣后能主动给予意见						
	21.店员能细听及按客人表达判断，并能介绍相应产品或恰当的建议给客人						
	22.能专业且主动地描述货品试穿后特色						
	23.员工干练贴适当的销售建议(如：附加推销、修改服务、折扣优惠等)						
6.产品供应及价格牌显示	24.如缺货，能告知客人等候时间	5%					
	25.如缺货，店员能提供恰当的产品令客人购买						
	26.各产品均有明确显示正确价格，且吊牌没有外露在客人的直接视线内						
7.收款过程	□(适用于商场收款)收银服务及送别客人	10%					
	27.店员会提醒客人出示VIP卡，并能在1分钟内开具收款小票						
	28.主动及正确指引付款位置						
	29.店员能利地将产品双手交给客人						
	30.收银完毕或客人离开时均有店员有礼貌地道别						
	□(适用于店铺收款)收银服务及送别客人						
	31.收银时，收银员会提醒客人出示VIP卡，与客人确认购买数量与应付金额，并能尽快完成收款服务						
	32.收银员能利地将产品及找赎双手交给客人						
	33.客人付款时，收银员与客人有眼神接触、礼貌及微笑地向客人道谢						
	34.收银完毕或客人离开时均有店员有礼道别						
8.售后服务	35.店员能适当介绍货品的洗涤及保养方法	10%					
	36.店铺有明确指示的换领政策，店员能清楚地向客人讲解						
9.全店店员团队精神	37.各店员间待态度有礼，主动互相协助，合作关系融洽	10%					
	38.互相补位						
	39.互相协助查货、取货等						
总计得分							

总分评核：好：80分以上；良：70-80分以上；中：60分-70分；差：60分以下。

整店印象：□印象很好，下次还会继续光临；□印象一般，考虑再光临；□印象不深刻；□印象很差，以后不再光临。

跟进意见：这个店铺是要列为重点整改，其中包括（人员管理、卖场管理、销售管理、以及货品管理）

　　　　　　　　　　　　　　　　　　稽查人员：

12.6　《工作改善计划表》

"神秘顾客"对店铺访查后，会对店铺的整体情况进行一个考核，并对于店铺不完善的地方提出意见和建议，门店负责人及员工据此在后期进行改善，因此提前做好工作改善计划表也是有必要的。下面是一份《工作改善计划表》的模板，供大家参考。

店铺名称：　　　　　改善人：　　　　　考核日期：

任务项目
任务达成标准详述
任务达成期限
改善情况
备注
监查人：　　　　　监察日期：

普晴咨询/技术总顾问：龙晴老师简介

普晴咨询是一家新零售产业教育平台，依托国内丰富的线上线下零售管理资源，以及全球同步体验互联网教育资讯，致力打造成为新零售管理、新零售管理人才培养的领先教育产业平台。普晴咨询的学习对象以企业从职人员、高阶经理人、职业型创业者为主体，拥有面授培训、行业沙龙、代培托管、管理咨询等业务项目，励志提升企业经理人专业技术，推动企业管理健康发展。

15 年服饰领域企业工作任职经验：历任知名品牌公司营销副总、零售总监、培训总监、人力资源部经理、企划部经理等职务。

10 年咨询培训行业经验：历任首席顾问、资源企业管理顾问、零售讲师。

龙晴老师：服装设计专业及新闻传播专业双学历毕业，具有 25 年行业工作经验，曾任多家知名企业的副总经理、营运总监、销售总监、培训总监等职务，熟悉企业营运全程管理技术，个人知识面广，综合技能强，能在短时间内制订有效实用的业绩提升方案。

龙晴老师行业管理经验丰富，曾接受过企业管理、商品企划、视觉营销、终端管理、特许经营管理等专项系统训练，并长期服务于服饰企业，拥有丰富的零售终端运营管理、特许加盟营运管理、企业管理学院运作、商品 VMD（视觉营销），以及团队激励、专业培训等的实战经验。

◆ 龙晴老师 长期专研咨询项目及培训课题：
- 零售终端管理体系建立及运作辅导
- 特许加盟管理体系建立及运作辅导
- 商品（直营商品/特许商品）管理体系建立及运作辅导
- 培训（零售支援/督导）管理体系建立及运行辅导
- 企划（陈列设计/空间设计/平面设计）管理体系建立及运作辅导
- 各类零售管理、商品运营管理等培训课程开发及执行

龙晴老师教育、工作经历简介
◆ 获得广州大学服装设计专业和新闻传播专业双学位；
◆ 现就读于美国德克萨斯大学威灵顿商学院；

◆ 2007 年以前，企业高层任职经历，历任国内知名服装品牌公司副总经理、销售总监、零售总监、培训总监等职务，任职职业经理人期间，多次获"优秀员工"及"突出贡献"奖项；

◆ 2008 年，投身咨询培训行业；

◆ 蓝色时空管理顾问公司 2 年服务经验任职资深零售讲师、企业管理顾问；

◆ 中研国际时尚管理咨询集团 4 年服务经验，任职资深企业管理顾问、专业零售讲师；

◆ 曾荣获中研国际时尚管理咨询集团"月度最高课时奖"，最高月度课时 33 天，创公司最高记录；

◆ 曾荣获中研国际时尚管理咨询集团"讲师最高贡献奖"，在所有讲师中创最高经营效益；

◆ 荣获中研国际时尚管理咨询集团"金牌讲师奖""钻石级金牌讲师"称号，在所有讲师中年度总课时量最高。

龙晴老师咨询服务品牌

◆ 知名女装"三彩"2017～2018 年度 零售商学院咨询项目 主顾问

◆ 知名家纺"罗莱家纺"2018～2019 年度 零售能力提升咨询项目 主顾问

◆ 知名快时尚男装"索歌"2018 年度 管理基建 经营增效咨询项目 主顾问

◆ 知名饰品"茜子"2018 年度 顾客经营力提升咨询项目 主顾问

◆ 知名运动装品牌"乐卡克"2018～2019 年度 高销引爆 年关冲刺咨询项目 主顾问

◆ 知名快时尚女装"RT"2018～2019 年度 零售商学院咨询项目 主顾问

◆ 知名快时尚男装"KM"总部 2016～2017 年度零售人才加强咨询项目 主顾问

◆ 知名女装"速品"总部 2016～2017 年度零售学院咨询项目 主顾问

◆ 知名童装品牌桑语 2017 年度营运系统升级咨询项目 主顾问

◆ 知名运动装品牌 361 度 2016 年度营运系统升级咨询项目 主顾问

◆ 知名女装印象集团品牌总部 2015～2016 年度营运系统升级咨询项目 主顾问

◆ 知名女装"雪歌"品牌总部 2014～2015 年度营运系统升级咨询项目 主顾问

◆ 知名女装"她图"品牌总部 2015 年度营运系统升级咨询项目 主顾问

◆ 知名女装"莱芙·艾迪儿"品牌总部 2015 年度营运系统升级咨询项目 主顾问

◆ 知名牛仔装"G5G6"品牌总部 2015 年度营运系统升级咨询项目 主顾问

◆ 知名女装"IAM27、佳人苑、西纳维斯"品牌总部 2014 年底营运系统升级咨询项目 主顾问

◆ 上市公司"七匹狼"品牌总部 2013~2014 年营运系统升级咨询项目 主顾问

◆ 上市公司"特步"品牌总部 2014 年度营运系统升级咨询项目 主顾问

◆ 知名家居服"红豆居家"品牌总部 2013 年度营运系统升级咨询项目 主顾问

◆ 知名童装"小猪班纳"品牌总部 2013 年度营运系统升级咨询项目 主顾问

◆ 知名女装"水云间、欧尚尼"品牌总部 2008~2013 年度营运系统升级咨询项目 主顾问

◆ 上市公司"步森"品牌总部 2011 年底营运系统升级咨询项目 主顾问

◆ 上市公司"波司登"品牌总部 2011 年度营运系统升级诊断项目 主顾问

◆ 天津著名商标、百年老字号"老美华"品牌总部 2011 年营运系统升级咨询项目 主顾问

◆ 中国十佳服装设计师品牌"达衣岩"品牌总部 2009~2010 年营运系统升级咨询项目 主顾问

◆ （亿元）超级总代理武汉舜鸿商贸有限公司 2013~2015 年营运系统升级咨询项目 主顾问

◆ （亿元）超级总代理北京刘尚商贸有限公司 2010~2011 年营运系统升级咨询项目 主顾问

◆ （亿元）超级总代理杭州坤都商贸有限公司 2008~2010 年营运系统升级咨询项目 主顾问

◆ 上市公司"特步"品牌 2010~2012 年度店长/经销商特训营全国巡回培训 50 场 主讲导师

◆ 上市公司"七匹狼"品牌 2010~2012 年度总部及多省超级总代理零售管理课程培训讲师

◆ 上市公司"利郎"品牌 2010~2012 年度总部及多省超级总代理零售管

理课程培训讲师

◆ 上市公司"361 度"品牌 2010～2016 年度总部及多省超级总代理零售管理课程 培训讲师

◆ 上市公司"凯撒"皮具 2010～2011 年度历届订货会 培训讲师

◆ 知名女装"阿依莲"品牌 2010～2011 年度经销商全国巡回主讲老师 40 场 主讲导师

扫码附赠实用表单文件

http://upload.m.crphdm.com/2019/1108/1573173934325.doc

或:

https://pan.baidu.com/s/1sbPujE2cxrsl4xFT63t8eA